Topos Taschenbücher
Band 203

Klaus Mertes SJ/Georg Schmidt SJ

Der Jesuitenorden heute

Topos Taschenbücher

CIP-Titelaufnahme der Deutschen Bibliothek

Mertes, Klaus:
Der Jesuitenorden heute / Klaus Mertes ; Georg Schmidt. –
1. Aufl. – Mainz : Matthias-Grünewald-Verl., 1990
(Topos-Taschenbücher ; Bd. 203)
ISBN 3-7867-1513-0
NE : Schmidt, Georg ; GT

 1. Auflage 1990
Umschlag: Harald Schneider-Reckels und Iris Momtahen
unter Verwendung eines Fotos von Helmuth Nils Loose
Satz: Roddert Fotosatz, Mainz
Druck und Bindung: Clausen & Bosse, Leck

Imprimi potest. Coloniae, 9 februarii 1989.
Alfons Höfer SJ

Inhalt

Vorwort

1491 wurde der Gründer des Jesuitenordens, Ignatius von Loyola, geboren. Knapp 500 Jahre später findet man seine »Söhne«, die Jesuiten, in allen Kontinenten und in den verschiedensten gesellschaftlichen Bereichen vor.
Mit etwa 25 000 Mitgliedern ist der Jesuitenorden der größte Priesterorden in der katholischen Kirche. Damit ist er ein bedeutender Faktor im Leben dieser Kirche. In seiner Ansprache an den Jesuitenorden vom Februar 1982 beschreibt und bekräftigt Papst Johannes Paul II. das Wirken des Ordens: »Dieses Wirken umfaßt Katechese, Verkündigung des Gotteswortes, Verbreitung der Lehre Christi, christliche Durchdringung des Bereiches Kultur in einer Welt, die eine Spaltung und einen Gegensatz zwischen Wissenschaft und Glaube herzustellen trachtet, pastoralen Einsatz zugunsten der Armen, der Unterdrückten, der Menschen am Rande der Gesellschaft, Ausübung des Priesteramtes in allen seinen authentischen Ausdrucksformen, ohne dabei auf die neuen Möglichkeiten des Apostolates, über welche die moderne Gesellschaft verfügt, zu verzichten, wie Presse und Massenmedien ...«
Daß der Orden weder in noch außerhalb der Kirche immer nur Freunde hatte und hat, spricht nicht gegen ihn, aber auch noch nicht unbedingt für ihn. Fiele der Orden nur wegen seiner Originalität, wegen Höchstleistungen aller Art, wegen seiner Konflikte mit Staaten und deren Organen oder mit der Kirchenleitung auf, dann käme noch lange nicht das zur Geltung, was Ignatius und seine Gefährten inspirierte. Zu oft bestimmen Randerscheinungen das Image des ganzen

Ordens – man nennt sie »schlaue Jungs«, preist oder beargwöhnt ihre quasi-militärische Disziplin, hält sie einmal für die reaktionäre, ein andermal für die progressive Elite der katholischen Kirche. Aber das Image des Ordens ist noch nicht der Geist des Ordens. Der läßt sich eher in den Grauzonen des jesuitischen Alltags finden als in großen, sensationellen Ereignissen oder Aktionen, die von den Scheinwerfern der öffentlichen Aufmerksamkeit beleuchtet werden.

Karl Rahner, einer der großen Ordenstheologen dieses Jahrhunderts, dachte auf der Suche nach dem »Geist« des Ordens eher »an meinen Freund Alfred Delp, der mit gefesselten Händen seine endgültige Zugehörigkeit zu diesem Orden unterschrieb; an den, der auf einem indischen Dorf, auf dem sich keiner der indischen Intellektuellen blicken läßt, den armen Teufeln dort einen Brunnen graben hilft; an den, der stundenlang sich die Mühsal und Qual des nur scheinbar harmlosen Spießbürgers im Beichtstuhl anhört; an den, der sich in Barcelona von der Polizei prügeln ließ ohne die Genugtuung, ein Revolutionär mit dessen Glorie zu sein; an den, der jeden Tag im Krankenhaus an Sterbebetten steht und dem so noch das Einmalige zum alltäglich Gewöhnlichen werden muß ...«

Dieses Buch will verständlich und aktuell über den Jesuitenorden informieren. Es ist eine Selbstdarstellung des Ordens, da alle Autoren Jesuiten sind. An der Schwelle zum dritten Jahrtausend steht der Orden ebenso wie die Kirche, der er dienen will – und in ihr Gott und den Menschen –, vor neuen Herausforderungen. Sie sind von ähnlicher Brisanz wie die großen und neuen Aufgaben, denen sich Ignatius und seine Gefährten vor 500 Jahren stellten. Ihr Einsatz war und ist geprägt von dem Geist, der sich Ignatius in der Vision von La Storta (November 1537, vor den Toren Roms) mitteilte: Gott der Vater weist auf seinen kreuztragenden Sohn hin, dem er Ignatius »zugesellte« (Bericht des Pilgers, 96).

Für wertvolle Hilfe und wichtige Hinweise bei der Korrektur des Manuskripts sind wir unseren Mitbrüdern Norbert Lohfink SJ, Günter Switek SJ und Michael Sievernich SJ zu Dank verpflichtet.

Klaus Mertes SJ   Georg Schmidt SJ

Frankfurt am Main, im Mai 1990

I. Aufbau und Struktur des Jesuitenordens

1. Aufbau

Der Name

Die offizielle Bezeichnung des Jesuitenordens lautet »Gesellschaft Jesu« (spanisch: Compañía de Jesús; lateinisch: Societas Jesu, abgekürzt: SJ). Die Bezeichnung stammt von dem Gefährtenkreis, der sich in Paris um Ignatius scharte, und war unter ihm schon vor der offiziellen Gründung des Ordens üblich. Das Wort »Compañía« war zur Zeit der Gründung der Gesellschaft Jesu für Ordensgemeinschaften und andere religiöse Gemeinschaften durchaus gebräuchlich.
In der Namensgebung kommt die Überzeugung der »ersten Väter« zum Ausdruck, daß ihr eigentlicher Gründer Jesus sei, der sich eine kleine »Schar« (compañía) für den großen Kampf um die Welt heranzieht.

Gliederung

a) Wer in den Jesuitenorden eintritt, tritt nicht in ein Kloster ein, sondern in einen Orden, dessen Prinzip die Mobilität ist. Deswegen ist das Organisationsprinzip des Ordens regional, nicht nach Häusern gefaßt. Derzeit ist der Jesuitenorden in 82 »Provinzen« aufgeteilt. Im deutschsprachigen Raum gibt es vier Provinzen: das Gebiet nördlich der Mainlinie (Norddeutsche Provinz), die Region südlich der Mainlinie (Oberdeutsche Provinz) sowie Österreich und die Schweiz. Eine

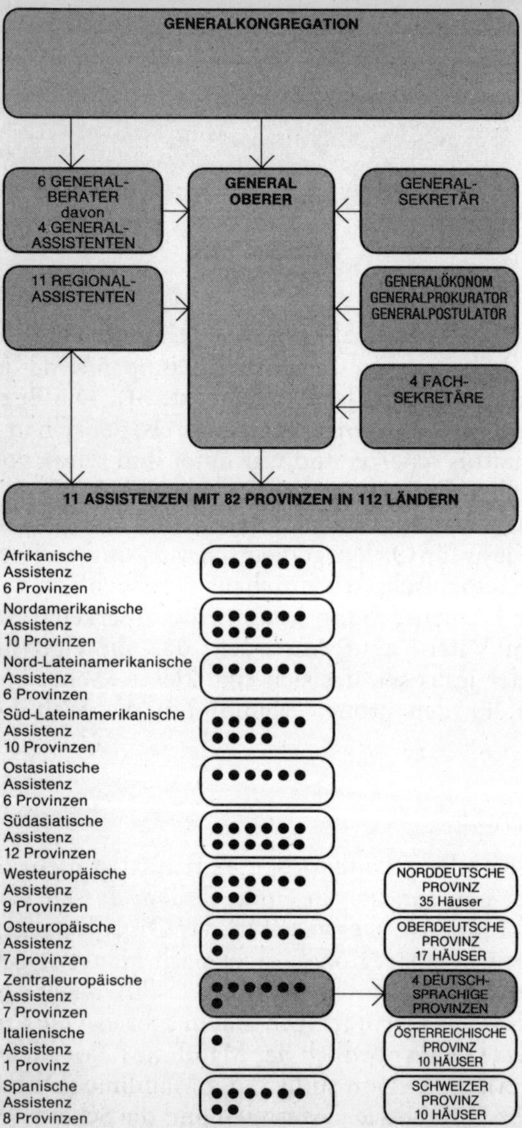
GENERALKONGREGATION
6 GENERAL-BERATER davon 4 GENERAL-ASSISTENTEN
GENERAL OBERER
GENERAL-SEKRETÄR
11 REGIONAL-ASSISTENTEN
GENERALÖKONOM
GENERALPROKURATOR
GENERALPOSTULATOR
4 FACH-SEKRETÄRE
11 ASSISTENZEN MIT 82 PROVINZEN IN 112 LÄNDERN
Afrikanische Assistenz 6 Provinzen
Nordamerikanische Assistenz 10 Provinzen
Nord-Lateinamerikanische Assistenz 6 Provinzen
Süd-Lateinamerikanische Assistenz 10 Provinzen
Ostasiatische Assistenz 6 Provinzen
Südasiatische Assistenz 12 Provinzen
Westeuropäische Assistenz 9 Provinzen
Osteuropäische Assistenz 7 Provinzen
Zentraleuropäische Assistenz 7 Provinzen
Italienische Assistenz 1 Provinz
Spanische Assistenz 8 Provinzen
NORDDEUTSCHE PROVINZ 35 Häuser
OBERDEUTSCHE PROVINZ 17 HÄUSER
4 DEUTSCH-SPRACHIGE PROVINZEN
ÖSTERREICHISCHE PROVINZ 10 HÄUSER
SCHWEIZER PROVINZ 10 HÄUSER

Mehrzahl von Provinzen wird in einer »Assistenz« zusammengefaßt, von denen es derzeit elf gibt.
Die Provinz ist die grundlegende Organisationsgröße des Ordens. Die Häuser, in denen Jesuiten leben, haben je nach ihrer Funktion verschiedene Titel. Die »Kollegien« sind die großen Ausbildungshäuser für den Ordensnachwuchs – zum Beispiel das Berchmanskolleg in München – und die von Jesuiten geleiteten Schulen und Internate – so zum Beispiel das Aloisiuskolleg in Bonn-Bad Godesberg. Die Oberen in den Kollegien werden »Rektoren« genannt. Die kleineren Häuser heißen »Residenzen«, ihr Oberer ist ein »Superior«. Die großen oder kleinen Gruppen von Jesuiten, die gemeinsam in den jeweiligen Häusern zusammenwohnen, heißen »Kommunitäten«. Jeder Jesuit gehört zu einer Kommunität, selbst dann, wenn er wegen seiner Arbeit alleine wohnen muß – auf »Einzelposten«.
b) Da die Zugehörigkeit zum Jesuitenorden mit den Gelübden beginnt, die nach der zweijährigen Vorbereitungszeit im Noviziat abgelegt werden, unterscheidet man drei Typen von Jesuiten: diejenigen, die sich in der Ausbildung befinden, heißen »Scholastiker« (schola = Schule). Obwohl die Priesterweihe strenggenommen den Status des Scholastikers nicht verändert, da die Ausbildung der Jesuiten mit der Priesterweihe noch nicht abgeschlossen ist, werden doch in allen Statistiken des Ordens die »Patres« (pater = Vater) als zweite Gruppe aufgeführt, also die Jesuiten, die zu Priestern geweiht worden sind. Die dritte Gruppe sind die »Brüder«, jene Jesuiten, die einer Ordensberufung gefolgt sind, aber keine Berufung zum Priestertum haben und dem Orden als Laienmitglieder angehören.
Hinter dieser Gliederung stehen einige Differenzierungen, die deswegen wichtig sind, weil sie in den

Jahrzehnten nach dem Konzil oft diskutiert wurden und auch zu Konflikten zwischen dem Orden und dem Vatikan geführt haben.
Ursprünglich sieht die Verfassung des Jesuitenordens vor, daß am Ende der Ausbildung zwischen den Jesuiten unterschieden wird, die das 4. Gelübde ablegen (sie werden die »Professen« [professio = Versprechen] genannt) und den »Koadjutoren«, die dieses Gelübde nicht ablegen (adiuvare = helfen). Die »Koadjutoren« werden in die Gruppe der »geistlichen« Koadjutoren (Priester) und die Gruppe der »weltlichen« Koadjutoren (Nichtpriester) unterteilt. Die letztere Gruppe ist die Gruppe der oben erwähnten »Brüder«.
Aus dieser Struktur ergibt sich die Frage, die in den letzten Jahren diskutiert wurde: ob die Brüder zu den Profeß-Gelübden zugelassen werden können (darüber weiteres im Kapitel über die Brüder).

Apostolat und Gelübde

Der Gründungszweck der Gesellschaft Jesu ist das »Apostolat«. »Apostolat« bedeutet Sendung (griechisch: apostéllein = senden). Der Aufbau des Ordens orientiert sich daher an dem Kriterium, alle Kräfte für dieses Apostolat freizusetzen. In den Gelübden wird der Kern des Aufbaus und der Ausrichtung des Jesuitenordens sichtbar.
Ordensgelübde sind öffentliche, Gott gegenüber abgelegte Versprechen. Sie werden vor der zuständigen kirchlichen Autorität abgelegt und von ihr entgegengenommen. Sie drücken – als traditionelle Ordensgelübde – eine verbindliche Entscheidung für eine bestimmte Lebensform aus, die der Kraft einer religiösen Überzeugung entspringt.
In der christlichen Tradition haben sich schon früh drei Hauptgelübde herausgebildet, die sich an den

»evangelischen Räten« ausrichten: »evangelisch«, weil sie im Evangelium als Lebensform Jesu und einiger seiner Jünger bezeugt sind, »Räte« deswegen, weil sie keine bindenden Gebote sind – wie zum Beispiel das Doppelgebot der Gottes- und Nächstenliebe –, sondern Empfehlungen, die denen gelten, die dazu berufen werden. Gelübde sind daher immer eine Antwort auf einen von Gott her erfahrenen Ruf, nie Verfügung über Gott durch eine außerordentliche Leistung oder durch willkürliche Selbstbestimmung. Man kann Gott nicht durch ein Gelübde auf eine entsprechende Gegenleistung verpflichten.

Männer und Frauen, die Gelübde ablegen, binden sich dadurch auch zu einem Orden zusammen. Ein Orden im kirchlichen Sinne ist ein Zusammenschluß von Christen, die miteinander unter den Gelübden leben wollen. Da aber das, was die Gelübde im einzelnen bedeuten, verschieden entfaltet werden kann, setzen die Orden jeweils unterschiedliche Akzente, die meist in den Regeln der Ordensgründer entfaltet sind.

Die »Konstitutionen« der Jesuiten gehören zu den großen, kirchlich anerkannten Ordensregeln. Ignatius von Loyola verbrachte mit ihrer Ausformulierung die gesamte Zeit, in der er der Generalobere seines neuen Ordens war.

Es gibt in der katholischen Kirche im Grunde genommen fünf Ordenstypen, die zu Grundmustern für alle weiteren Orden und Kongregationen in der katholischen Kirche wurden: der Typ des Einsiedlers (Anachoret), der klösterliche Typ (Koinobit, zum Beispiel die Benediktiner), die Form der Bettelorden (Franziskaner und Dominikaner), der Typ des Regularklerikers (zum Beispiel die Jesuiten; hiermit verwandt sind auch die neuzeitlichen klerikalen Kongregationen) und in neuerer Zeit eine Lebensform, die das Leben unter den Armen und sozial Unterprivilegierten nach dem

Vorbild von Charles de Foucauld betont (Kleine Brüder, Kleine Schwestern).
Von Papst Pius XII. wurde 1947 darüber hinaus den sogenannten »Säkularinstituten« ein kirchenrechtlicher Status verliehen. Sie leben nach den evangelischen Räten wie die Ordensleute, bleiben aber in ihren angestammten Berufen und wohnen nicht gemeinsam in eigenen Ordenshäusern. Die Mitglieder der Säkularinstitute können also in ihrem gewohnten Lebensraum bleiben, treffen sich aber regelmäßig zu Gebet, Gottesdienst und geistlichem und persönlichem Gespräch.
Die drei Gelübde der Armut, Ehelosigkeit und des Gehorsams bekommen innerhalb des Jesuitenordens ihren spezifischen jesuitischen Akzent vor allem vom Vorrang des Apostolates her. Trotzdem verlieren die Gelübde bei den Jesuiten nicht ihre Verbindung mit der biblischen und gesamtkirchlichen Tradition. In ihnen drückt sich nicht nur die Frömmigkeit der einzelnen aus, sondern sie prägen auch die Strukturen des Ordens.

Armut

Mit dem Gelübde der Armut verzichtet der Jesuit auf Privateigentum und stellt sich in die Gütergemeinschaft seines Ordens.
Beginnen wir mit den eher äußerlichen Aspekten dieses Gelübdes: Die Ordensgemeinschaft lebt hauptsächlich aus zwei Quellen: aus den Verdiensten ihrer Mitglieder (Gehälter, Honorare) und aus Spenden und Schenkungen. Dabei ist der Grundsatz der Unentgeltlichkeit des apostolischen Einsatzes zu sichern – auch in einer Zeit, in der die Qualität einer Arbeit oft an ihrem Preis gemessen wird.
Für die Gestaltung der Armut in der Gesellschaft Jesu ist seit der 32. Generalkongregation die Unterschei-

dung zwischen »Kommunitäten« und »Werken« fundamental. Die Unterscheidung soll streng durchgehalten werden, damit es vor allem in jenen Werken (wie Schulen, Hochschulen), bei denen Investitionen in höheren Beträgen nötig sind, keine Rückwirkung auf die Besitzverhältnisse der Kommunität gibt.
Innerhalb der Kommunitäten wird das Geld zentral durch den »Ökonom« verwaltet. Die einzelnen Mitglieder der Kommunitäten erhalten einen Vorschuß, dessen Höhe in der Regel festgesetzt ist. Er ist den Bedürfnissen des einzelnen und den Möglichkeiten der Kasse angepaßt. Die Einzelheiten werden in Absprache mit dem Oberen der Kommunität festgelegt. Die Mitbrüder, die in der Ausbildung stehen – und in der Regel auf viele verschiedene Kommunitäten verstreut werden –, werden aus einer speziellen Kasse finanziert, die aus dem Arbeitsentgeld der Mitbrüder und aus Spenden gespeist wird. Die Absprache der jeweiligen Bedürfnisse und Möglichkeiten geschieht mit dem Oberen der Kommunität vor Ort.
Der tiefere Sinn des Armutsgelübdes liegt jedoch nicht in diesen organisatorischen Aspekten. Die Jesuiten verstehen die Armut »apostolisch«, da »gerade der Verzicht auf eigenen materiellen Gewinn das Evangelium glaubwürdig macht und dem Verkünder die Freiheit gibt, es authentisch zu predigen«[1]. Das Gelübde der Armut bedeutet auch die Ausrichtung des Blickes und des Herzens auf das Leben der Armen. Aus dieser Anteilnahme folgt ein entschiedenes Eintreten für die Gerechtigkeit. Mehr noch: Die eigene Armut soll zu einer Aneignung der Perspektive der Armen führen, um aus der Sympathie mit ihnen die Sehnsucht nach den Heilstaten Gottes kontemplativ und aktiv zu

[1] Statuten über die Armut I, 3, deutsche Übersetzung, Köln 1977, hg. von der Provinzialkonferenz der deutschen Assistenz.

leben. Deswegen ist Armut kein Anliegen der Privatfrömmigkeit einer Gruppe, sondern eine Lebensweise mit politischem Anspruch. Schließlich lenkt die Armut den Blick auf Gott selbst, dessen Erlösungstat nach christlichem Verständnis verbunden ist mit der »Entäußerung« (Phil 2,6) seiner göttlichen Eigenschaften in das Leben des armen Jesus hinein. In den Exerzitien ist es immer wieder der arme Jesus, der in eine Gefolgschaft hineinruft, in der es der Knecht nicht besser haben kann als sein Herr. Ein Armer versteht den Sinn der Armut Gottes in dieser Welt – deswegen kommt »ein Reicher auch so schwer in den Himmel« (Mk 10, 24). Erst unter dieser Voraussetzung ist es keine Verharmlosung des Armutsideals, wenn man sagt, daß ein positives Verhältnis zum Besitzen, zu den Gütern dieser Welt und zum Reichtum der Schöpfung, zu den eigenen Gaben, zur Kunst und zu allem, was Mittel zum Ziel der Ehre Gottes ist, Teil des jesuitischen Armutsverständnisses ist.

Ehelosigkeit

Mit dem Gelübde der Ehelosigkeit verzichtet der Jesuit auf die eheliche Gemeinschaft und stellt sich in die Gemeinschaft seines Ordens, dem er treu bleiben will.

Das Wort »Ehelosigkeit« trifft eigentlich nur den negativen Aspekt des Gelübdes. Der eigentliche Name des Gelübdes ist »Keuschheit« oder »Jungfräulichkeit«. Wegen falscher, geschichtlich gewachsener Assoziationen rufen diese Begriffe häufig Stirnrunzeln hervor. Sie treffen das Gemeinte aber deutlicher. Keuschheit ist eine klassische Tugend, die Eheleute wie Ehelose gleichermaßen verpflichtet, die Schöpfungsgabe von Sexualität und Erotik in den Dienst einer menschlichen Beziehung zu stellen. Die Ordensleute, die mit dem Keuschheitsgelübde auch Jungfräulichkeit im Sinne der Enthaltsamkeit versprechen, müssen dies in keuscher Gesinnung tun, das heißt in zucht- und liebevoller Haltung, nicht mit hartem, unbeherrschten oder lieblosem Überlegenheitsgehabe. Sie sollen das Gelübde in der Absicht ablegen, die dadurch gewonnene Freiheit in den Dienst an Gott und an den Menschen zu stellen.

Die Art der Freiheit, die im zweiten Gelübde erstrebt wird, erschöpft sich nicht darin, mehr Zeit für andere zu haben als Eheleute – obwohl dies auch der Fall sein kann. Sie soll vielmehr im Dienst größerer Menschlichkeit und Liebe stehen. Die Beziehungen der Ehelosen zu den Menschen, und natürlich auch zu Christus und seiner Kirche, sollen immer mehr von dieser in Freiheit vollzogenen Liebe geprägt werden. Die Ordensleute bezeugen durch das zweite Gelübde, daß sie in ihren vielfältigen Beziehungen das Vertrauen, das ihnen von anderen Menschen geschenkt wird, nicht für eine exklusive persönliche oder auch erotisch-sexuell gefärbte Beziehung mißbrauchen wollen. Sie wollen vielmehr in der Entschiedenheit leben, diejenigen zu sich kommen zu lassen und auch wieder freizulassen, die ihren Rat oder ihre Begleitung suchen. Keuschheit hat also nicht Unverbindlichkeit oder Oberflächlichkeit in den menschlichen Beziehungen zur Folge – sonst wäre sie gar nicht voll und ganz im Leben verwirklicht. Die Ordensleute bezeugen durch das Gelübde, daß sie mit ihrem Leben über sich hinaus auf Christus, den Erlöser aller Menschen, hinweisen wollen.

Keuschheit bedeutet auch Treue gegenüber den Ordensgeschwistern, in deren Gemeinschaft der Ordensmann oder die Ordensfrau eingetreten sind. Die Ordensgemeinschaft hat einige der Familie durchaus vergleichbare Eigenarten: Sie will nicht mißbraucht werden als menschliche »Tankstelle« zum Zweck der Steigerung der Leistung nach außen hin, sondern sie ist in sich ein Eigenwert, der respektiert werden muß. Die Ordensgemeinschaft besteht aus Brüdern und Schwestern, die man sich im Unterschied zu Freunden oder Freundinnen nicht ausgesucht hat. Sie will auch nicht als Ersatzgröße für die Familie dienen, die man, erwachsen geworden, verlassen hat.

Schließlich ist nach alter Auffassung das freiwillig-ehelose Leben ein »eschatologisches« Zeichen, weil es schon hier bezeugt, was einst im Himmel der Fall sein wird: ein erfülltes Leben vor Gott in menschlicher, niemanden ausgrenzender Gemeinschaft untereinander.

Das Gelübde der Ehelosigkeit ist nicht dasselbe wie der »Zölibat«. Der Zölibat ist eine kirchenrechtliche Bestimmung, die sich erst im 12. Jahrhundert n. Chr. in der katholischen Kirche durchsetzte und den Empfang der Priesterweihe von dem Versprechen der Ehelosigkeit abhängig machte. Im Ordensleben wurde und wird das 2. Gelübde um seiner selbst willen erstrebt und abgelegt, nicht um eines anderen Zieles willen, und sei es das Priestertum.

Die Ehelosigkeit ist als Lebensform in den Evangelien bezeugt (u. a. Mt 19, 10 ff; 1 Kor 7, 25 ff). Jesus hat sie selbst gelebt, in seiner Beziehung zu Männern (Joh 11, 8; 13, 23; 21, 15–19) und zu Frauen (Joh 20, 11–18; Mk 14, 3–9). Sie für eine Abwertung der Ehe zu halten, setzt die Ansicht voraus, daß die Berufung Gottes für alle Menschen den gleichen Inhalt hat. Nach der Überzeugung der Exerzitien jedoch äußert sich der Wille Gottes jedem Menschen in einer ihm gemäßen Weise und mit einer ihm gemäßen Berufung.

Mit dem Gelübde des Gehorsams verzichtet der Jesuit auf die Verfügung über sich selbst und stellt sich in die Sendung seines Ordens.
Der Gehorsam, den der Jesuit gelobt, gilt zunächst dem Oberen: dem Oberen des Hauses, dem Provinzoberen und dem Generaloberen des Ordens. Der Obere ist seinerseits zur »cura personalis« verpflichtet, der Sorge für die einzelne Person. Sie ist die wichtigste Aufgabe des Oberen gegenüber den Ordensmitgliedern. Im vertrauensvollen Gespräch eröffnet sich der Jesuit seinem Ordensoberen, damit dieser ihn – und durch dessen Urteil er sich auch selbst – besser einschätzen kann.
In diesem regelmäßig stattfindenden Dialog des Jesuiten mit seinem Oberen geht es darum, den Willen Gottes gemeinsam zu suchen und zu finden. Dazu soll der Obere dem einzelnen Ordensmitglied mit seiner Erfahrung und seinem reiferen Urteil helfen. Beide Seiten müssen sich um einen offenen und ehrlichen Austausch bemühen, damit der Gehorsam nicht zu einer bloßen Einbahnstraße verkommt – entweder zu einer rein autoritativen Sendung durch den Oberen, oder zu einer Haltung des Parierens, des passiven Abwartens oder der Versteifung auf eigene Wünsche auf seiten des Ordensmitglieds.
Der Gehorsam des Jesuiten vollzieht sich am Ende des beschriebenen Klärungsprozesses vor allem in der »Destination«, das heißt in der Sendung durch den Oberen. Der Gehorsam, auf den die Konstitutionen des Ordens die Ordensmitglieder verpflichten, bezieht sich also nicht unterschiedslos auf alles und findet selbstverständlich seine Grenze da, »wo sich feststellen läßt, daß irgendein Anschein von Sünde besteht« (Konstitutionen Nr. 457). Der Obere soll sich nicht

über das Gewissensurteil des ihm Anvertrauten hinwegsetzen, und er darf ihn nicht durch seine Tätigkeit von der eigenen Gewissensbildung dispensieren.
Die »Gewissensrechenschaft«, die zum Gespräch zwischen dem Ordensmitglied und dem Oberen gehört, bedeutet, daß der Jesuit seinem Oberen das eigene Gewissensurteil offenlegt – in der Überzeugung, daß das eigene Gewissensurteil keine private Angelegenheit für das Herzenskämmerlein des einzelnen ist. Damit ist keineswegs die christliche Hochschätzung des Gewissens beeinträchtigt; denn das Gewissen ist der von Gott geschaffene Ort der Freiheit des Menschen. Umgekehrt aber leben Christen, und also auch Jesuiten, in der Überzeugung, daß das wahre Gewissensurteil nicht willkürlich vom Menschen erstellt werden darf. Es wird vielmehr aus dem Hören, dem Lernen, und aus der Offenheit gegenüber anderen Menschen und Überzeugungen geboren.
Im Gehorsam der Ordensleute geht es um die Sendung, die letztlich ihren Ursprung im Willen des Vaters hat. Das Vorbild für diesen Gehorsam ist Jesus, der mit reinem Gewissen am Ölberg um den Willen des Vaters ringt (Lk 22, 42). Er ringt nicht um die Richtigkeit irgendeiner abstrakten ethischen Überzeugung, sondern um die Frage, ob ihn seine Sendung wirklich ausgerechnet ans Kreuz führen muß. In dieser Konfliktlage, die sich kein Christ selbstsicher herbeiwünschen darf (»führe uns nicht in Versuchung«, Mt 6, 13), in dieser Dunkelheit nimmt Jesus den Willen des Vaters an. Zwar wird sich die Situation des Gehorsams nicht immer in dieser Dramatik für die einzelnen Ordensleute ergeben, aber Jesus ist auch Vorbild für den Gehorsam in der Stunde der eigenen Dunkelheit.
Der Gehorsam kann auch zu Konfliktfällen mit den Oberen führen. Für diesen Fall sind in den Satzungen

Berufungs- und Entscheidungsverfahren vorgesehen, die im Extremfall mit der Einigung darüber beendet werden können, daß man darin übereinstimmt, nicht mehr übereinzustimmen. Aber in dem Augenblick, wo die Gehorsamsfrage zu einer (regulierbaren) Machtfrage innerhalb des Ordens geworden ist, ist seine eigentliche Sinnfülle bereits verschlossen.

Ignatius nannte den Gehorsam das »Band der Einheit« für seinen Orden. Er bindet die Gemeinschaft der Jesuiten zusammen in der Hingabe der erwachsenen, reifen und entfalteten Freiheit an den Dienst und das Lob Gottes. Im Schlußgebet der Exerzitien vollzieht der Jesuit diese Hingabe mit den Worten: »Nimm hin, o Herr, und empfange meine ganze Freiheit ...« (EB, 234)[2].

Konkret vollzieht sich Gehorsam in der folgenden Struktur: Die Gesamtleitung hat der Generalobere mit Sitz in der »Generalskurie« in Rom. Er hat die oberste Leitungs- und Entscheidungsbefugnis. Er bestimmt nach Information und Beratung die Oberen der Provinzen (Provinziale), die in der Regel auf 6 Jahre ernannt werden und ihrerseits die Oberen der verschiedenen Häuser und Kollegien ernennen. Zwar haben sich die Provinziale je nach lokalen Gegebenheiten zu Provinzialskonferenzen innerhalb der Assistenzen zusammengeschlossen, doch bleibt ihnen jeweils die Oberenvollmacht für ihre Provinz.

Dieses hierarchische Prinzip wird durch ein demokratisches Prinzip umfangen: die Generalkongregation. Sie ist das oberste Leitungs-, Gesetzgebungs- und Kontrollorgan des Ordens und setzt sich zusammen aus den Provinzialen sowie jeweils zwei gewählten

[2] Ignatius von Loyola, Geistliche Übungen (Exerzitien), hg. von H. U. von Balthasar, Einsiedeln 1959; übertragen von A. Haas, Freiburg 1977, übersetzt von P. Knauer, Leipzig 1978 (im folgenden abgekürzt mit EB).

Delegierten der Provinzen. Die Wahl dieser Delegierten findet in den »Provinzkongregationen« statt, die wiederum aus allgemein und geheim gewählten Vertretern der Provinz bestehen. Die Provinzkongregationen werden alle drei Jahre zusammengerufen, um über die Frage zu entscheiden, ob die Einberufung einer Generalkongregation notwendig ist. Sie wird immer notwendig, wenn es um die Wahl eines neuen Generals geht, der in der Regel auf Lebenszeit gewählt ist. Es kann auch wegen besonderer Gesetzgebungsmaßnahmen zu einer außerordentlichen Einberufung kommen (wie es bei der 32. Generalkongregation 1975 der Fall war), denn nur die Generalkongregation hat die Vollmacht, Gesetze zu erlassen. Allerdings kommt es recht selten zu Generalkongregationen außerordentlicher Art, da viel an Gesetzgebungsarbeit im Zusammenhang mit der Neuwahl eines Generaloberen erledigt werden kann, und im übrigen die Gesellschaft Jesu ihren bisherigen Generaloberen viel Freiraum zur Entfaltung ließ. In der Geschichte der Gesellschaft Jesu fanden jedenfalls bisher nur 33 Generalkongregationen statt. Die Generalkongregation stellt dem gewählten General einen Sekretär und vier Generalassistenten zur Seite. Sie üben Kontroll- und Beratungstätigkeit aus, die wahrzunehmen der General verpflichtet ist; die Entscheidungskompetenz bleibt aber allein dem Generaloberen vorbehalten. Darüber hinaus bestimmt der General »Regionalassistenten« aus den elf Assistenzen, die den Überblick über die Ereignisse und Daten der verschiedenen Provinzen ihrer Assistenz vermitteln. In Absprache mit den Provinzialen ernennt der General auch drei bis fünf Berater des Provinzials, die im »Provinzkonsult« miteinander regelmäßig tagen. Auch hier sind Beratung und Entscheidung streng getrennt. Die Verantwortung für die Entscheidung liegt beim Provinzial.

Wenn auch das Ausmaß der Verfügbarkeit, die der Jesuit im Rahmen dieser Struktur seinen Oberen entgegenbringt, erheblich ist, so gibt es doch einen Bereich, der vor dem Zugriff des Oberen rechtlich geschützt ist. Jeder Jesuit braucht diesen Bereich in seinem geistlichen Leben; man nennt ihn das »forum internum«. Damit ist jener Bereich gemeint, der in den Gesprächen zwischen einem Jesuiten und seinem geistlichem Begleiter (Spiritual) regelmäßig zur Sprache kommt. Der Spiritual ist der Gesprächspartner in den Exerzitien und/oder in dem regelmäßigen geistlichen Gespräch zwischen den Exerzitien. Das geistliche Leben des einzelnen bedarf der Hilfe eines solchen Begleiters. Dessen Funktion besteht nach den Exerzitien darin, sich weder zu der einen noch zu der anderen Seite zu wenden oder hinzuneigen, sondern in der Mitte stehend »wie die Waage unmittelbar den Schöpfer mit dem Geschöpf wirken zu lassen und das Geschöpf mit seinem Schöpfer und Herrn« (EB, 15). Hier hat der Gehorsam die unmittelbarste Dimension, in der unverfügbaren Einzigartigkeit der Beziehung eines jeden Menschen zu Gott – und umgekehrt.

Papstgelübde

Wenn der Jesuit zum Abschluß der Ausbildung im Terziat die drei Gelübde feierlich ablegt, dann fügt er noch ein viertes Gelübde hinzu, das ihn in besonderer Weise zum Gehorsam gegenüber dem Papst verpflichtet. Dieses Gelübde ist ein unterscheidendes Merkmal des Jesuitenordens.

Die Formulierung des Gelübdes macht deutlich, worum es geht: »Ich gelobe besonderen Gehorsam dem Papst in bezug auf die Aussendung, wie es in den Apostolischen Schreiben und den Ordenssatzungen enthalten ist.« Der Gehorsam bezieht sich auf die Sendung durch den Papst, der die Gesamtkirche im Unterschied zu der Regionalkirche (Diözese) vertritt. Mit der Bindung an den Papst stellt sich also der Jesuitenorden der Weltkirche, nicht einzelnen Diözesen, zur Verfügung. Das war zur Zeit des Ignatius um so wichtiger, als die Diözesen und die Bischöfe zum Teil kaum etwas anderes waren als mächtige Vertreter regionalpolitischer Interessen. Zudem hatte die Entdeckung des amerikanischen Kontinentes und des Seeweges nach Indien das europäische Bewußtsein mit der Tatsache konfrontiert, daß die Christen nur Teil einer größeren, insgesamt gesehen gar nicht christlichen Welt waren. Hinter der Unterordnung unter die Sendung durch den Papst stand das weltkirchliche, missionarische Anliegen des Ordens.

Die Geschichte zwischen Papsttum und Jesuitenorden ist bis auf den heutigen Tag wechselhaft. Sehr schwerwiegende direkte Eingriffe in den Orden durch den Papst waren die Auflösung des Ordens 1773–1814, deren Hintergründe im geschichtlichen Teil dieses Buches[3] angesprochen werden, und die Einsetzung eines »apostolischen Delegaten« als Nachfolger des kranken Pater Generals Arrupe anstelle des von Arrupe vorgesehenen Vikars im Jahre 1985. Umgekehrt hat der Orden im Laufe der Jahrhunderte immer wieder im Vatikan Einfluß ausgeübt. Manche Entscheidung des Vatikans ist ohne die Präsenz des »schwarzen Papstes« in der Generalkurie nicht verstehbar.

Das Papstgelübde hat dem Orden im Laufe seiner Geschichte viele Feinde und viele Unterstellungen eingetragen. Trotz allem wird die Bindung an den Papst weiter zu der Grundstruktur des Ordens gehören, weil sich in ihr die Anbindung an die Kirche vollzieht. Ihr

[3] Siehe S. 114 ff.

will der Orden dienen, und zwar in ihrer universalen, missionarischen Dimension. Ohne das Papstgelübde hätte der Orden die Dynamik nicht entwickelt, die er im Auftrage und in Zusammenarbeit mit dem Papst erreicht hat.

2. Ausbildung

Die Ausbildung innerhalb des Jesuitenordens dauert je nach Vorbildung 7–12 Jahre. Wer bereits ein abgeschlossenes Studium bei seinem Eintritt vorweisen kann, was heute nicht selten vorkommt, wird regelmäßig mit einer kürzeren Ausbildungszeit im Orden auskommen. Ignatius hatte sich bei seiner Ausbildung für Gründlichkeit entschieden – und das, obwohl er bereits 33 Jahre alt war, als er sie begann. Die Ausbildung wird von den Jesuiten in der Überzeugung gestaltet, daß menschliche und intellektuelle Reife einander zugeordnet werden müssen, daß Gewissen und Wissen komplementäre Größen sind, daß Theologie in einer Perspektive betrieben werden muß, die geistliche Erfahrung, Praxis auf den verschiedensten Ebenen der kirchlichen und gesellschaftlichen Wirklichkeit, Vernunft und Wissen miteinander verbindet. Die jesuitische Ausbildung wäre nicht sinnvoll durchzuführen, wenn sie von Anfang an auf ein »eigentliches« Ziel hin orientiert wäre, das erst »danach« beginnt. Damit liegt das Ideal der jesuitischen Ausbildung im Widerspruch zum Trend der Funktionalisierung von Lern- und Lehrinhalten. Die Ausbildung vermeidet zu frühe Spezialisierung, ermöglicht Orientierungszeiten, Korrekturen im Selbstverständnis und Rücknahmen früher Festlegungen mit dem Ziel einer größeren Offenheit und Verfügbarkeit der Lernenden. Wenn das »Eigentliche« nicht erst in der Arbeit kommt, dann

AUSBILDUNGSGANG DER JESUITEN

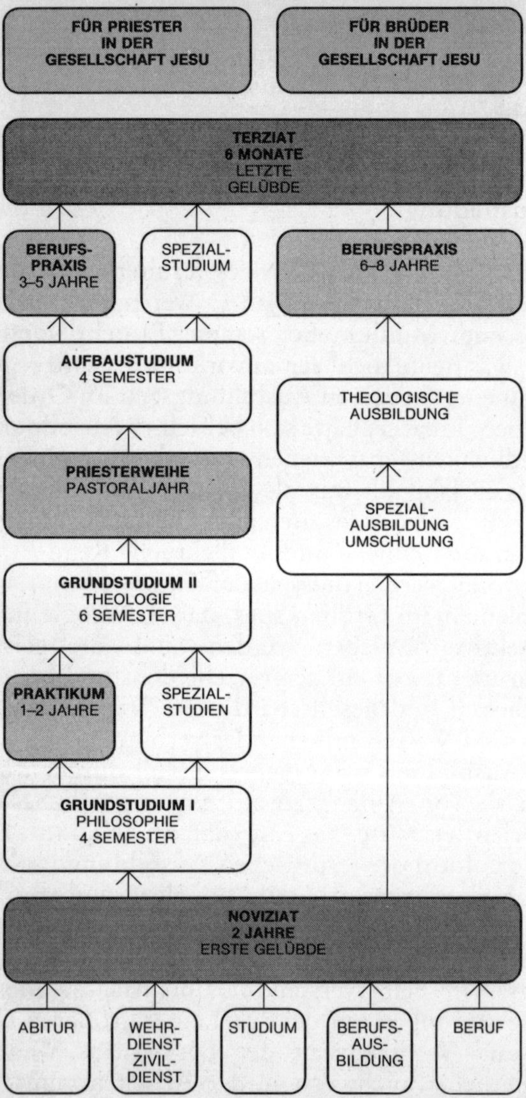

läßt sich daraus schließen, daß Lernen zum »Eigentlichen« gehört und Teil des Apostolates eines Jesuiten ist. Die Ausbildung sollte daher im Idealfall nie aufhören.

Noviziat

Wer in die Gesellschaft Jesu eintreten will, muß zum Noviziat (novus = neu) zugelassen werden. Dazu bestimmt der Provinzobere vier Mitbrüder, die sich über den Kandidaten in »Examensgesprächen« einen ersten Eindruck verschaffen. Über die Zulassung entscheidet der Leiter des Noviziats (Magister) in Absprache mit dem Provinzial. Das Noviziat dauert zwei Jahre und wird mit den drei Gelübden Armut, Ehelosigkeit und Gehorsam in der Gesellschaft Jesu abgeschlossen.

In zwei Jahren sollen die Novizen zwar auch die Struktur, die Geschichte und die geistliche Identität des Ordens kennenlernen; vor allem aber sollen sie ihre eigene Entscheidung für den Orden überprüfen und zur affektiven wie spirituellen Reifung geführt werden, das persönliche Gebet lernen und in der Fähigkeit zur Selbsteinschätzung, zur Einschätzung von Situationen und Menschen und von Gottes Wirken in der Menschengeschichte angeleitet werden. Die äußere Voraussetzung dafür wird dadurch hergestellt, daß man als Novize zurückgezogen lebt und weitgehend auf auswärtige Verpflichtungen wie Studien und soziale oder kirchliche Aufgaben verzichtet. Während des Noviziats macht der Novize einmal die dreißigtägigen, großen Exerzitien. Besonders in der Ruhe dieser Zeit, die im Stillschweigen ihren Ausdruck findet und die durch die Gestaltung des Noviziates schon vorher ein wenig eingeübt wurde, regt sich die innere Unruhe: Fragen, Erinnerungen, Wünsche, gute und schlechte Erfahrun-

gen. In der Sprache des Ignatius sind es die »Bewegungen der Geister«, die den Menschen in Entscheidungssituationen hineinführen. Die Ruhe des Noviziates wird durch einige »Experimente« unterbrochen, die in der Regel 1–2 Monate dauern: Pflegearbeit im Krankenhaus, Arbeit in der Industrie, Praktikum in einer Pfarrei oder einem anderen Werk der Gesellschaft Jesu.
Die Gelübde, mit denen die Novizen die Noviziatszeit beschließen, sind »ewig«, d. h. zeitlich nicht begrenzt, und »einfach«, d. h. nicht in feierlicher Form. Mit dem Noviziat ist die spirituelle Ausbildung nicht abgeschlossen, im Gegenteil: Wer den inneren Bezug zu der Aufgabenstellung des Noviziates verliert, reduziert die spätere Ausbildung auf intellektuelle und praktische Aspekte. Die jährlichen achttägigen Exerzitien, die tägliche Gebetszeit und der geistliche Austausch unter Mitbrüdern gehören zu den grundlegenden Vollzügen des jesuitischen Ordenlebens.

Philosophie

Nach dem Noviziat folgt ein zweijähriges Philosophiestudium. Damit hat der Jesuitenorden bis auf den heutigen Tag die Grundstruktur der Studienordnung eingehalten, die Ignatius an der Pariser Universität kennenlernte und die von der scholastischen Fächerzuordnung herkommt. In dieser Ordnung spiegelt sich die Überzeugung wider, daß Vernunft und Glaube zusammengehören, und zwar so, daß der Vernunft, der Argumentation, den geistigen Bewegungen der jeweiligen Zeit eine eigenständige Bedeutung zukommt. Der Glaube braucht der Vernunft nicht in defensiver Stellung zu begegnen.
In der Regel wird die Philosophie (ebenso wie die Theologie) an ordenseigenen Hochschulen studiert.

Die Ordenshochschulen legen Wert darauf, daß an ihnen nicht nur Wissen über Philosophie – z. B. durch Philosophiegeschichte oder Wissenschaftstheorie – vermittelt wird, sondern daß auch philosophiert wird. Deswegen gibt es in ihrem Angebot einen »systematischen Schwerpunkt«, der sich an den klassischen Fragestellungen der Philosophie orientiert: Erkenntnislehre, Metaphysik, Sprachphilosophie, Ethik. Das Studium der Philosophie wird in der Regel mit dem Bakkalaureatsexamen abgeschlossen.

Interstiz

Unter diesem Titel (interstare = dazwischentreten) findet für alle Jesuiten zwischen dem Studium der Philosophie und dem der Theologie ein zweijähriges Praktikum statt, entweder in der Jugendarbeit, an einem Kolleg, oder in der Sozialarbeit, in der Mission, in der Flüchtlingsarbeit, an einer Zeitschrift, oder bei anderen Medien. Die Wahl des Interstizes wird mit den Betroffenen abgesprochen. Im allgemeinen ist mit der Wahl des Interstizes noch keine Festlegung für die spätere Arbeit verbunden. Wichtiger als eine solche Festlegung ist in der Konzeption des Interstizes die Unterbrechung der Studien, um einerseits praktische Erfahrungen zu gewinnen, und andererseits aus der Distanz zu den Studien eventuelle zu frühe Festlegungen zu überprüfen und so mögliche Schwierigkeiten zu vermeiden.

Theologie

Das Studium der Theologie dauert in der Regel drei Jahre. Es umfaßt sowohl die systematischen »Kernfächer« (Fundamentaltheologie, Christologie, Gnadenlehre, Ekklesiologie, Eschatologie) als auch die bibli-

schen Wissenschaften, Sprachen, Kirchengeschichte und die praktischen Fächer (Pastoraltheologie, Religionspädagogik, kirchliche Soziallehre, Predigtausbildung usw.). Das Studium wird mit der entsprechenden kirchlichen Prüfung (Diplom oder Lizentiat) abgeschlossen.
Nach dem Abschluß der Theologie folgt in der Regel die Priesterweihe.

Aufbaustudium

Erst das Aufbaustudium ist die Zeit, in der eine Spezialisierung angestrebt wird. Deswegen folgt die Entscheidung für das Aufbaustudium mit einer ersten Festlegung über die Ausrichtung der Tätigkeit, die den Jesuiten nach der Ausbildung erwartet.
Die Mindestdauer für das Aufbaustudium beträgt zwei Jahre. Entweder wird ein Magistertitel in Philosophie oder ein Grad in der Theologie angestrebt. Eine Promotion wird normalerweise begonnen, wenn damit für die Zukunft eine Lehrtätigkeit an einer Hochschule beabsichtigt wird. Nicht jeder Jesuit hat also »seinen Doktor«, genausowenig studiert jeder Jesuit ein weiteres Fach nach der Theologie. Das letztere wird nur dann angestrebt, wenn es sinnvoll in die angestrebte Tätigkeit hineinpaßt: Zum Beispiel wird ein zukünftiger Lehrer an einer Schule noch ein zweites Unterrichtsfach studieren, ein späterer Therapeut in einer »Offenen Tür« eine psychologische Ausbildung machen, der Sozialwissenschaftler ein Studium der Volkswirtschaft und der Journalist eine Medienfachausbildung anstreben. In diesen Fällen entfällt dann die philosophische und theologische Spezialisierung.

Terziat

In der Regel arbeitet ein Jesuit, der sein Aufbaustudium abgeschlossen hat, einige Jahre in einem Werk der Gesellschaft Jesu, bevor er seine Tätigkeit noch einmal ein Jahr lang für das Terziat unterbricht, mit dem die Ausbildung abgeschlossen wird. Der Grundcharakter des Terziates ähnelt dem des Noviziats – vor allem macht hier der Jesuit zum zweiten Male in seinem Leben die dreißigtägigen Exerzitien. Allerdings wirkt sich die Tatsache, daß der Jesuit im Terziat wesentliche Prägungen und Erfahrungen als Ordensmann schon hinter sich hat, auf den Inhalt des geistlichen Lebens aus – verständlicherweise. Das Terziat, und damit die gesamte Ausbildung, wird durch die letzten, feierlichen Gelübde (der Armut, Ehelosigkeit und des Gehorsams) abgeschlossen. Erst mit diesen in der besonderen kirchlichen Form abgelegten Gelübden endet eigentlich auch der Status als Scholastiker; er wird entweder in den Status des Koadjutors oder des Professen überführt. Das letztere ist heute der Normalfall und schließt neben den drei feierlichen Gelübden das vierte Gelübde ein, in dem sich die besondere Bindung der Gesellschaft Jesu an den Papst vollzieht.
Die letzten Gelübde sind Vorbedingung für die Ernennung zu Leitungsämtern im Orden.

Tendenzen

Die Ausbildung der Jesuiten war in den vergangenen Jahren immer wieder Gegenstand der Auseinandersetzung innerhalb des Ordens. Für die deutschsprachige Assistenz brachte 1981 die Herausgabe der »Grundlinien des Ausbildungsganges für Scholastiker« einen Konsens, dessen Realisierung in den Einzelheiten ein langfristiger Vorgang ist. An »heißen Themen« in der jüngeren Diskussion um die Ausbildung gab es folgende:

a) Wie weit sollen die empirischen Wissenschaften in die Ausbildung hineingetragen werden? Psychologie, Naturwissenschaften, Informatik, Sozialwissenschaften und Medienkunde drängen in die Lebenswelt der Menschen hinein – sollten sie nicht zumindest einen Teil der »klassischen« philosophischen Disziplinen ersetzen? Fördert aber andererseits die Überfüllung der Studienpläne mit den verschiedensten Einzelwissenschaften nicht zu sehr den Typ des umfassend halbgebildeten Jesuiten? Es scheint, daß zumindest in den westeuropäischen Assistenzen die Tendenz wieder in die Richtung einer Betonung der eigenständigen Bedeutung der Philosophie als Grundlagenwissenschaft geht.

b) Die Frage des Lebensstils während der Ausbildung. Diese Frage knüpft daran an, daß die jüngsten Generalkongregationen das Kommunitätsleben für das Selbstverständnis des Ordenslebens wieder aufgewertet haben. Welche Lebensform ist die angemessene für die Einübung des geistlichen Zusammenlebens, welche Lebensform fördert eher Kasernenmentalität, welche ermutigt zu gemeinsamem Gespräch und zur Suche nach einem gemeinsamen Weg?

c) In diesem Zusammenhang wird auch oft die Frage diskutiert, wie das Anliegen der »Option für die Armen« in der Ausbildung realisiert werden kann. Hier werden Formen und Projekte gesucht, die während der Ausbildung eine Konfrontation mit den Situationen und Problemen solcher gesellschaftlicher Schichten ermöglichen, die zu den Benachteiligten und Armen gehören.

d) Mit seinem Brief vom 27. 12. 1979 reagierte der damalige Ordensobere Pedro Arrupe auf die Tatsache, daß immer wieder Jesuiten kurz nach ihrer Priesterweihe den Orden verließen. Die in den Orden eintretenden Jesuiten haben nicht mehr alle, wie zu früheren Zeiten, einen selbstverständlichen und ungebrochenen kirchlichen Hintergrund, so daß erst oft durch das Priestertum die volle Realität einer kirchlichen Einbindung auf sie zukommt. In diesem Zusammenhang regte P. Arrupe die Einrichtung eines »Priestermonates« im ersten Jahr der Theologie ein, bei dem die Vorbereitung auf den priesterlichen Dienst in der Kirche konzentriert und konkret angegangen wird.

3. Brüder

Die ersten zehn Gefährten, die die Gründungsbulle des Ordens von 1540 namentlich aufzählt, waren Professen (vgl. Kap. 2, 1). Bald zwar wurden Novizen und Scholastiker aufgenommen, aber wegen der vielen Arbeiten, die auf die junge Gesellschaft Jesu einstürzten, kamen »Helfer« (Koadjutoren) hinzu, die sowohl bei den Arbeiten als auch bei den häuslichen Diensten mitarbeiteten, ja mitarbeiten wollten, ohne dabei zur Gemeinschaft der Professen hinzugehören zu müssen. Statt ein System von Angestellten aufzubauen, reagierte Ignatius sehr bald, indem er für diese Koadjutoren eine Stellung schuf, die sie über die Ablegung der drei Gelübde zu Mitgliedern und Mitlebenden des Ordens machte. 1546 wurde in dem Päpstlichen Breve »Exponi nobis« ihr Status bestätigt.
Die Koadjutoren wurden sehr bald zu einem unverzichtbaren und wesentlichen Teil des Ordens. Sie hielten nicht nur nach innen hin den Professen den Rücken frei für das Apostolat, sondern waren selbst am Apostolat des Ordens beteiligt. In der Geschichte des Jesuitenordens gibt es große und berühmte Brüder, die als

Begleiter der Missionare, als Architekten, Handwerker, Künstler und Seelsorger Hervorragendes leisteten.

Beim Tod des Ignatius machten die Brüder etwa 25 % des Ordens aus. Dieser Anteil steigerte sich im Laufe der Geschichte. 1600–1699: 30,9 %, 1700–1773: 24,5 %, 1800–1899: 27,7 %, 1900–1968: 27,6 %; im Laufe der letzten Jahre ist der prozentuale Anteil der Brüder gesunken. 1988 betrug er 12,8 %.

Der Rückgang der Brüderberufe in der Gesellschaft Jesu hat viele Gründe. Im Laufe der Jahre war in der Gesetzgebung des Ordens über die Brüder die Tendenz spürbar geworden, den Unterschied zwischen Patres und Brüdern stärker herauszustellen, als das ursprüngliche Ideal des Mit-Arbeiters es vorsah. Aber auch ohne solche Tendenzen mußte sich die vor allem in den europäischen und nordamerikanischen Gesellschaften wachsende soziale und bildungsmäßige Durchlässigkeit auch auf die innere Struktur des Ordens auf Dauer auswirken.

Erst im 20. Jahrhundert wurde das Problembewußtsein hinsichtlich der Brüder langsam zugelassen und führte zu einer Krise des Selbstverständnisses der Jesuitenbrüder.

Das Dekret 7 der 31. Generalkongregation formulierte 1966 zum ersten Male wieder in aller Deutlichkeit die Teilhabe der Brüder am Apostolat der gesamten Gesellschaft Jesu. Der Weltkongreß der Jesuitenbrüder vom 20.–30. Mai 1970 trieb die Diskussion weiter und führte auf der 32. Generalkongregation 1974 zu dem Antrag, auch die Brüder zu den vier feierlichen Gelübden zuzulassen und damit die Grad-Unterschiede im Jesuitenorden aufzuheben. Wegen dieses Antrages kam es zu einem Zusammenstoß zwischen Papst Paul VI. und der Mehrheit der Generalkongregation. Der Papst sah den Charakter eines Priesterordens, wie

Ignatius ihn ursprünglich gewollt hatte, durch diesen Antrag gefährdet. In dieser Situation erinnerte sich die Kongregation an die Lehre des Ignatius von der »Wiedervorlage« (Konstitutionen 131, 292, 543). Danach darf ein Jesuit, wenn er bei einer fälligen Entscheidung nach Gebet und Überlegung immer noch anderer Ansicht als der Obere ist, unter voller Bereitschaft zum Gehorsam diesem die Sache nochmals unterbreiten. Die Generalkongregation leitete dem Papst eine solche »Wiedervorlage« zu, der sie aber als unvereinbar mit seiner eigenen, bereits getroffenen Entscheidung bezeichnete. Darauf beschlossen die versammelten Jesuiten: »Die Generalkongregation nimmt im Namen der Gesellschaft den Entscheid seiner Heiligkeit in Gehorsam und Treue an.«
Da die notwendige Aufwertung des Brüderberufs nicht nur an die Frage nach dem vierten Gelübde gebunden ist, ging und geht die Diskussion um seine Gestaltung und Stellung in der Gesellschaft Jesu weiter. In Europa, wo Religion immer mehr an Bildung gekoppelt ist, in Gesellschaften, die die Inhalte der »höheren« Bildung zum Massenereignis gemacht haben, findet der Brüderberuf weniger Anklang. Umgekehrt bringt die Brüderfrage das Problem an die Priester heran, wie viele ihrer Tätigkeiten wirklich spezifisch priesterlich sind: Wäre nicht auch ein Bruder als Lehrer oder Hochschullehrer, als ökonomischer Verwaltungsleiter, als Architekt und Bauherr, als Gesprächsseelsorger denkbar? Die besten Traditionen der Brüder im Jesuitenorden zeigen ja, wie sehr Brüder in Verantwortungs- und Leitungsfunktionen standen, die das Apostolat der Gesellschaft Jesu prägten. Ist nicht wegen der zunehmenden Einebnung der Bildungs- und Sozialunterschiede in den europäischen und amerikanischen Gesellschaften eine neue Situation gegenüber 1540 gegeben? Wäre die Brüderfrage

nicht auf ihren umfassenderen Horizont hin zu erweitern – nämlich auf die Frage nach dem Zusammenarbeiten und Zusammenleben mit den Laien; innerhalb des einen Ordens, oder durch andere organisatorische Formen?
Der Orden würde die Fortsetzung des Brüderverlustes bedauern, wenn mit ihm alles aus dem Lebenszusammenhang des Ordens verschwinden würde, was dem Orden lieb und wert geworden ist: das Laien-hafte der Exerzitienspiritualität, die Wertschätzung des Handwerklichen, die Bedeutung des Innendienstes für das Leben einer Kommunität, die Lebensgemeinschaft von Intellektuellen und Nichtintellektuellen, der Ausgleich der Mobilität durch Stabilität, die Gefährtenschaft von »Helfern«.

4. Tätigkeiten der Jesuiten heute

Schule

Insgesamt arbeiten 6 200 Jesuiten (also ca. 25 % des Ordens) zusammen mit 82 000 Laien an der Ausbildung und Erziehung von etwa 1 800 000 Lernenden und Studierenden. Der »Kontinent der Erziehung« ist Amerika: In den USA sind die meisten Jesuiten mit der Erziehung beschäftigt, in Lateinamerika tragen die Laien am intensivsten die Bildungsarbeit der Jesuiten mit. Umgekehrt werden die Strukturprobleme der europäischen Jesuiten an der Situation ihrer Erziehungs- und Bildungsinstitutionen besonders deutlich. Der Orden ist gerade in Europa personell immer weniger in der Lage, die Trägerschaft für seine großen Institutionen zu halten. In der osteuropäischen Assistenz ist den Jesuiten die Trägerschaft von Schulen und Erziehungseinrichtungen von staatlicher Seite in der Regel verboten.

Das 1988 herausgegebene »Direktorium der jesuitischen Erziehungsinstitutionen« teilt die Arbeit der Jesuiten in drei Gruppen auf: die »primary schools« (Haupt- und Berufsschulen), die »secondary schools« (Gymnasien, im Sprachgebrauch der deutschen Jesuiten die eigentlichen »Kollegien« im engeren Sinne des Wortes) und die »post-secondary schools«, die Hochschulen und Universitäten.
Die Akzente der Institutionen entsprechen mehr oder weniger den gesellschaftlichen Gegebenheiten in den einzelnen Ländern. So liegt in den industrialisierten, bürgerlichen Ländern (USA, Europa, Japan) der Akzent eher auf Gymnasien und Universitäten. Dafür gibt es in diesen Ländern nur wenige oder keine Haupt- und Realschulen unter Beteiligung oder Leitung des Ordens. Umgekehrt sind die Verhältnisse vor allem in Afrika. Aber auch die asiatischen Provinzen tragen neben vielen höheren Bildungseinrichtungen gleichzeitig Verantwortung im Bereich der Berufsbildung und Kindererziehung.

Adressen:

Aloisiuskolleg (Gymnasium und Internat)
Elisabethstraße 18, D–5300 Bonn 2

Ansgarkolleg (Gymnasium)
Bürgerweide 33, D–2000 Hamburg 26

Canisius-Kolleg (Gymnasium)
Tiergartenstraße 30/31, D–1000 Berlin 30

St. Blasien (Gymnasium und Internat) Kolleg
D–7822 St. Blasien

Collegium Aloisianum (Gymnasium und Internat)
Freinbergstraße 32–34, A–4020 Linz

Kollegium Kalksburg (Gymnasium und Internat)
Promenadeweg 3, A–1238 Wien

In Lateinamerika verfügen die Jesuiten zwar auch über Gymnasien und Hochschulen, aber mehr als die Hälfte der Schüler an jesuitischen Schulen lernen in den Grundbildungseinrichtungen. Darüber hinaus engagieren sich die Laien besonders stark in diesem Bereich.

Ursache hierfür ist »Fe y Alegría«, ein System von Schulen, das 1955 von dem chilenischen Jesuiten P. José M. Velaz gegründet wurde. Als Professor der katholischen Universität »Andrés Bello« in Caracas hatte er das Massenelend der Großstadt kennengelernt und war zu der Einsicht gekommen, daß eine breitangelegte Volksbildung das beste Mittel sei, personale und soziale Veränderungen zu bewirken. »Glaube (Fe) und Freude (Alegría)« hatte drei strategische Optionen:

1. Die Schulen sollten ohne Gebühren oder eigene Kapitalbasis geführt werden.
2. Es sollten so viele Schulen wie möglich gegründet werden.
3. Personelle und finanzielle Unterstützung sollte von Freunden, Förderern und Spendern einschließlich der staatlichen Quellen besorgt werden.

Die erste Schulgründung dieser Art war typisch für die weitere Schulgründungsgeschichte auf dem gesamten Kontinent: Im Oktober 1955 erlaubte Abraham Reyes, Arbeiter und Vater von acht Kindern, daß man die Hälfte seines Hauses als Schule benutzte. Ungefähr 100 Kinder saßen auf Zimmern und Fluren in »Klassen« eingeteilt, um zu lernen. Das Beispiel spornte an: Bald taten es andere engagierte Väter und Mütter ebenso, so daß innerhalb von sechs Jahren 6 000 Kinder und Jugendliche in solchen Schulen unterrichtet wurden. P. Velaz blieb die treibende und organisie-

rende Kraft hinter diesem Projekt. Das Ergebnis: Immer mehr Laien und Ordensleute (auch aus anderen Orden) wurden in das Projekt einbezogen. Zur Zeit unterrichten allein in Venezuela 167 Ordensleute und 1 737 Laien-Lehrer zusammen mit 453 Helfern insgesamt 61 117 Schüler und Schülerinnen an 131 Grundschulen, 61 Hauptschulen, 27 Gymnasien, 2 Landwirtschaftsschulen, 170 Handwerksschulen. In jüngerer Zeit organisiert Fe y Alegría über drei Radiostationen auch Fernerziehungskurse.
Fe y Alegría ist ein Beispiel dafür, wie der Orden in Zusammenarbeit mit Laien, anderen Ordensleuten und den Betroffenen im Erziehungsbereich auf die gesellschaftliche Situation eingegangen ist.

Hochschulen/Wissenschaft

Die Hochschulen der Jesuiten sind meist Zentren der theologischen und philosophischen Lehre. An ihnen wird nicht nur der eigene Ordensnachwuchs ausgebildet, sondern auch der Priesternachwuchs vieler Diözesen und in den letzten Jahrzehnten auch immer mehr Laien.
An Hochschulen soll nicht nur ausgebildet, sondern auch geforscht werden. Seit seiner Gründung hat der Jesuitenorden eine große Tradition in der wissenschaftlichen Arbeit. Sie umfaßt die verschiedenen Fachbereiche der Theologie (Systematische Theologie, Biblische Theologie, Kirchengeschichte, Kirchliche Soziallehre, Liturgiewissenschaft und Praktische Theologie) und Philosophie (Metaphysik, Erkenntnislehre, Geschichte der Philosophie, Ethik) und die empirischen Wissenschaften.
Außerhalb des deutschen Sprachraums beschränkt sich der Fächerkanon der jesuitischen Hochschulen aber nicht nur auf Theologie und Philosophie. Die großen

Universitäten des Jesuitenordens zum Beispiel in den USA, Lateinamerika oder Japan umfassen auch die anderen, geisteswissenschaftlichen oder naturwissenschaftlichen Fächer. Sie werden zum Teil auch von Jesuiten unterrichtet.
In der Astronomie, die eine der zentralen Wissenschaften der Neuzeit war, in der Evolutionslehre, der Biologie und der Physik brachte und bringt der Orden immer wieder Gelehrte hervor, die ihr Leben ganz der Wissenschaft widmen. Dabei wird ein solcher Einsatz, der äußerlich oft nur eine einsame Existenz in einer Studierstube zu sein scheint, von der Überzeugung getragen, daß die Kenntnis und Auseinandersetzung von Christen und Theologen mit den Weltbildern der zeitgenössischen Menschen Teil des Apostolates, auf keinen Fall aber Selbstzweck ist.

Adressen:

Philosophisch-Theologische Hochschule Sankt Georgen
Offenbacher Landstraße 224, D–6000 Frankfurt 70

Hochschule für Philosophie
Kaulbachstraße 33, D–8000 München 22

Theologische Fakultät der Universität Innsbruck mit philosophischem Institut
Der Großteil der Jesuiten-Dozenten wohnt in:
Jesuitenkolleg Innsbruck
Sillgasse 6, A–6021 Innsbruck

Wissenschaftliche Zeitschriften:

Theologie und Philosophie
Offenbacher Landstraße 224, D–6000 Frankfurt 70

Zeitschrift für katholische Theologie
Sillgasse 6, A–6021 Innsbruck

In den vergangenen Jahrzehnten bildeten sich vor allem in den europäischen und nordamerikanischen Ländern Gruppierungen und Projekte von und für Jugendliche, die ihre Tätigkeiten außerhalb der Schule entfalteten und Ideale zu verwirklichen suchten, die wegen der Struktur der Schule (Verpflichtungscharakter, Prüfungsdruck, Fachunterricht) dort nicht zu verwirklichen waren. Zwei Organisationsformen prägen heute die außerschulische Jugendarbeit.

a) Die offenen Jugendzentren. Der Grundgedanke der Jugendzentren besteht darin, das Zusammenleben von Jugendlichen verschiedener Schichten und Herkunft zu fördern. Das geschieht durch ein vielfältiges Angebot in einem differenziert gegliederten Haus, das allen Jugendlichen frei zugänglich ist. Die Palette ist sehr bunt: von Kursangeboten im kreativen Bereich bis hin zu Jugendakademien, Kindergärten, Hausaufgabenhilfe, offenen Treffs, Jugendsozialarbeit, Jugendberatung (für arbeitslose Jugendliche, Suchtberatung, Fortbildungsmaßnahmen), Projektgruppen und internationalem Jugendaustausch. Der Grad der Verbindlichkeit, der Jugendlichen in den Jugendzentren abverlangt wird, ist sehr verschieden. Die stärkste Verbindlichkeit haben die verbandlich gebundenen Gruppen (KSJ, GCL), die versuchen, eine christliche Lebensgemeinschaft vor Ort zu verwirklichen.
In der Verantwortung der Jesuiten befinden sich die im folgenden aufgeführten Jugendzentren.

Adressen:

Jugendzentrum Mergener Hof
Rindertanzstraße, D–5500 Trier

Jugendfreizeit- und Bildungsstätte Caritas-Pirckheimer-Haus
Königstraße 64, D–8500 Nürnberg

John F. Kennedy-Haus
Sillgasse 8a, A–6021 Innsbruck

b) Die Verbände. Jugendverbände sind Zusammenschlüsse von Jugendlichen auf überregionaler und übernationaler Ebene. Der größte, von den Jesuiten mitinspirierte Verband in Deutschland ist die KSJ-Schülergemeinschaft im »Bund Neudeutschland« (ND). Der Name des Bundes und die Tradition seiner Zielsetzung stammen aus der Zeit und dem Geist der Jugendbewegung nach dem Ersten Weltkrieg.
Der Bund Neudeutschland wurde 1919 gegründet. Er gliedert sich insgesamt auf in die Gruppe der Erwachsenen (»Gemeinschaft katholischer Männer und Frauen« – KMF), der Studierenden (»ND-Hochschulring«) und den Jugendverband (»Katholische Studierende Jugend« – KSJ).
Die Jugendgruppen im Verband der »Gemeinschaften Christlichen Lebens«[4] sind der zweite Jugendverband, der mit dem Jesuitenorden verbunden ist. GCL-Jugendgruppen gibt es vor allem im süddeutschen Raum und in Berlin, in der Schweiz und in Österreich. Das unterschiedliche Profil der KSJ- und der GCL-Jugendgruppen ergibt sich aus der jeweiligen Geschichte der beiden Verbände.
Der Verband ist die stärkste Form der Selbstorganisation von Laien in der Kirche. Deswegen haben die Verbände auch innerhalb der Kirche politisches Gewicht. Zum anderen bemühen sie sich um ein eigenes inhaltliches und geistliches Programm, mit dem

[4] Zur GCL, s. S. 47 f.

sie in der gesellschaftlichen Öffentlichkeit auftreten. Mit ihrer überregionalen, programmatischen Struktur bilden die Verbände zugleich ein Gegengewicht zu den Pfarreien mit ihrem regionalen Organisationsprinzip. Sie wirken auch in den Jugendzentren der Jesuiten.
Jesuiten sind in verbandlicher Jugendarbeit tätig in: Berlin, Bonn, Bad Godesberg, Frankfurt, Hamburg, Hannover, Köln, Trier, Augsburg, München, Nürnberg, Innsbruck, Wien, Basel.

Sekretariat der KSJ in Deutschland:

KSJ – Bundesleitung
Gabelsbergerstr. 2, D–5000 Köln 1

GCL – »Gemeinschaften Christlichen Lebens«

Neben der KSJ ist es vor allem der Verband der GCL, der geistig und organisatorisch am engsten mit den Jesuiten zusammenarbeitet und ihnen verbunden ist. Schon 1563, also bald nach der Gründung der Gesellschaft Jesu, begannen sich Laiengruppen zu bilden, die in enger Verbindung mit Jesuiten deren Spiritualität in ihrem Alltag leben wollten: die »Marianischen Kongregationen« (MC). Seit 1967 heißen sie »Gemeinschaften Christlichen Lebens«. Die Marianischen Kongregationen wuchsen rasch und waren bald so international vertreten wie der Orden. Dabei richtet sich ihr Ehrgeiz nicht auf hohe Mitgliederzahlen, sondern darauf, daß eine intensive religiöse Gemeinschaft gebildet wird. »Die GCL sind keine Massenbewegung aufgrund des starken Nachdrucks, den sie auf die persönliche und gemeinschaftliche Ausbildung für eine Sendung legen« (Patrick O'Sullivan SJ, ein leitendes Mitglied der Weltförderation der GCL, 1982).

Trotz des besonderen Interesses an ignatianischer Spiritualität und der starken Beteiligung von Jesuiten in ihren Reihen versteht sich die GCL nicht als eine Filiale der Gesellschaft Jesu. Bei aller Verbundenheit zur Societas Jesu herrscht hier das klare Selbstbewußtsein, eine unabhängige Laienbewegung innerhalb der katholischen Kirche zu sein. Hier sieht die GCL ihre Aufgabe und bemüht sich damit um die Verarbeitung von Impulsen, wie sie etwa vom 2. Vatikanischen Konzil für eine Neubestimmung der Stellung der Laien in der Kirche ausgingen.

Kontaktadressen:

Sekretariat der GCL in Deutschland
Sterngasse 3, D–8900 Augsburg

Sekretariat der GCL in Österreich
Dr. Ignaz-Seipel-Platz 1, A–1010 Wien

Sekretariat der GCL in der Schweiz
Herbergsgasse 7, CH–4051 Basel

Studentenseelsorge

Den Jesuiten wird gelegentlich nachgesagt, daß ihnen das akademische Milieu besonders naheliege. Wenn das natürlich auch nicht durchgängig zutrifft, eine Neigung neben manch anderer ist damit doch erkannt. Die besondere Vertrautheit mit der »Hochschulluft« ist nicht nur ein Abfallprodukt der eigenen Ausbildung. Vor allem in den europäischen und nordamerikanischen Provinzen wird sie ausdrücklich gesucht. Hier befindet sich der Orden ja in Ländern mit hohem Bildungsniveau und ausgebauten Bildungssystemen, in hochkomplexen Gesellschaften, die auf die Vermittlung ihres »know-how« angewiesen sind.

Für die einzelnen Studierenden ist die Zeit des Studiums ein wichtiger Abschnitt des eigenen Lebens. Diesen Abschnitt gemeinsam als Christen zu leben, ist das Ziel der Studentengemeinden. Jesuiten arbeiten als Studentenpfarrer in der Schweiz (Basel, Bern, Zürich), in der Bundesrepublik Deutschland (Hamburg, Hannover, Göttingen, Würzburg, Karlsruhe, Erlangen, München) und in der DDR (in Erfurt, wo sich – neben Jena/Weimar – eine katholische Fakultät in der DDR befindet). In Wien haben Jesuiten ein pastorales Zentrum für Studenten ins Leben gerufen; und auch die geistliche Begleitung der Stipendiaten des bischöflichen Cusanuswerks in der Bundesrepublik Deutschland ist einem Jesuiten anvertraut.

Medien

Gerade 50 Jahre waren seit der Einführung des Buchdrucks in Spanien vergangen, als Ignatius nach seiner Kriegsverwundung auf dem Krankenlager die Heiligenviten des Jacobus a Voragine las. Die Bedeutung dieses neuen Kommunikationsmediums, des Buches, wurde von den Jesuiten rasch erkannt und genutzt. Seine Rolle etwa bei der Ausbreitung der Reformation oder später bei der Entwicklung der modernen Naturwissenschaften war kaum zu übersehen. Auch als Petrus Canisius SJ seine Katechismen verfaßte, um in Deutschland ein Gegengewicht zu den reformatorischen Katechismen zu setzen, hätte dieser niemals eine solche Bedeutung für die katholische Kirche erlangen können, wenn man die Exemplare handschriftlich hätte verfassen müssen. Und als Pater Friedrich Spee von Langenfeld im Jahr 1631 seine Stimme gegen die Hexenprozesse erhob, konnte das deshalb nicht als Wortmeldung eines Einzelgängers abgetan werden, weil der Protest in Buchform erschien (die erste Auflage war nach wenigen Wochen vergriffen). Publizistische Aktivitäten bildeten und bilden seitdem eine Hauptsäule der Tätigkeiten des Jesuitenordens. Das Spektrum reicht dabei von Kleinschriften über die Mitarbeit in Zeitungen und das Verfassen von Romanen bis hin zu wissenschaftlichen Veröffentlichungen und der Herausgabe eigener Zeitschriften.

Die wichtigsten Zeitschriften:

Entschluß
Canisiusgasse 16, A–1090 Wien

Geist und Leben
Zuccalistraße 16, D–8000 München 19

Orientierung
Scheideggstraße 45, CH–8002 Zürich

Stimmen der Zeit
Zuccalistraße 16, D–8000 München 19

Freilich beschränkt sich Medienarbeit nicht auf Printmedien. Daß man auch mit anderen Mitteln umzugehen verstand, bezeugen etwa das Jesuitentheater des 17. Jahrhunderts oder die zahlreichen Formen, in denen man sich bemühte, fremden Kulturen in den Missionsgebieten den Glauben zu verkünden. Heute sind es vor allem technische Entwicklungen, die im Bereich der Medien neue Möglichkeiten eröffnen und zur Auseinandersetzung herausfordern – Rundfunk, Fernsehen, Video, Bildschirmtext, Kabel. Zahlreiche Jesuiten arbeiten hier mit: in der Produktion als Redakteure, Autoren und freie Mitarbeiter; in der Ausbildung durch Erstellen von Lehrmaterial und durch eigene Programme und Zentren; in der kritischen Reflexion durch Analysen und Beteiligung an der öffentlichen Diskussion.

Ein so übersichtliches Bild wie die ordenseigenen Zeitschriften bietet diese Arbeit nicht. Koordination und Zusammenarbeit sind deshalb in besonderem Maß gefragt. Die Gründung des »Institut(s) für Kommunikation und Medien« (IKM) in München sollte dazu dienen. 1976 wurde es an der ordenseigenen Hochschule für Philosophie in München errichtet. Der Orden wollte ein Instrument zur Hand haben, das die vielen Facetten des Mediensektors auf wissenschaftlicher Ebene kontinuierlich erfassen und beurteilen kann und das darüber hinaus in Seminaren und Kursen die Studenten des Ordens zur »Medienfähigkeit« erzieht.

Adresse:

Institut für Kommunikation und Medien
Kaulbachstraße 31, D–8000 München 22

Pfarreien

Pfarrer, Priester, Pater ... Die Begriffe gehen oft durcheinander. Nach wie vor ist die Vorstellung vom geweihten Priester fast ausschließlich vom Bild des Pfarrers als des geistlichen Vorstehers einer Gemeinde, oder allenfalls noch vom Bild des Mönches geprägt. Ein katholischer Priester, der keiner Gemeinde vorsteht und auch kein klösterliches Leben führt, muß erst einmal seine Identität erklären. Das trifft in besonderer Weise für den Jesuitenorden zu, der sich trotz der »Brüder«, also der Nicht-Geweihten, die immer in seinen Reihen gelebt haben, seit jeher als Priesterorden verstanden hat.
Als sich Ignatius und seine Gefährten entschlossen, eine Gemeinschaft zu bilden und sich dem Papst für Sendungen zur Verfügung zu stellen, war das auch

eine Entscheidung dagegen, als »Diözesankleriker« in Territorialpfarreien zu arbeiten, also Pfarrer zu werden. Sie wollten für gesamtkirchliche Aufgaben verfügbar bleiben. Ihre »Pfarrei« sollte sozusagen die Weltkirche sein, in der sie ihren Beitrag leisten wollten.

Von der Gründungsidee des Jesuitenordens her war die diözesane Pfarrseelsorge ausdrücklich gerade nicht beabsichtigt. Aber die Jesuiten waren andererseits nicht gewillt, die drängenden Aufgaben der Seelsorge im gläubigen Volk auch in katholischen Gegenden zu vernachlässigen. Sie wirkten in den Kollegskirchen vor allem durch die Predigt, das Beichthören und den Gottesdienst. Von dieser normalen Seelsorge geben die typischen, weitflächigen Renaissancefassaden der Jesuitenkirchen Zeugnis: in Luzern, Innsbruck, München, Heidelberg, Aschaffenburg, Bonn, Hamburg, um nur einige zu nennen, aber auch in Afrika, Asien und Lateinamerika.

Zur Zeit gibt es in der Bundesrepublik Deutschland neun Pfarreien, in der DDR und in Österreich jeweils drei Pfarreien, in denen der Jesuitenorden die Pfarrer stellt. In der Schweiz gibt es keine solche Pfarrei. Daneben arbeiten zahlreiche, meist ältere Mitbrüder »auf Einzelposten« in der Pfarrseelsorge der Diözesen mit. Wenn sie ihren Dienst beendet haben oder einmal ausfallen, wird der Orden dort in der Regel keine Nachfolger stellen. Außerdem entlasten die meisten Patres an Wochenenden und in den Ferien die Pfarrer durch »Aushilfen«. Zu erwähnen sind schließlich noch die offenen Kapellen mancher Kommunitäten, in denen sich gelegentlich kleine »Gemeinden« bilden. Oft findet hier auch intensive Beichtseelsorge statt.

Auf einer anderen Ebene sind Jesuiten mit den Problemen der Pfarrseelsorge konfrontiert: in der Mitarbeit bei der Ausbildung von Diözesanpriestern. Anforderungen und Rollenverständnis haben sich in den letzten Jahrzehnten stark gewandelt. Ein Pfarrer von heute sollte nach Möglichkeit alles sein: Seelsorger, Arbeitgeber, Prediger, und das in der Regel nicht nur in einer, sondern in zwei, drei oder noch mehr Gemeinden gleichzeitig. Er soll ein geistlicher und ein begeisternder Mensch sein, kooperationsfähig und initiativfreudig, von offener Herzlichkeit und diskreter Einfühlsamkeit. Ein Supermann also. Und das Ganze oft auf Einzelposten. Denn das große Pfarrhaus mit Vikar, mehreren Kaplänen und Haushälterin gehört schon lange der Vergangenheit an.
All das schlägt sich auch in der Ausbildung nieder. Der Fächerkanon des Studiums hat sich stark ausgeweitet. Vor allem aus dem humanwissenschaftlichen Bereich ist viel dazugekommen. Einerseits ist das eine sinnvolle Reaktion auf neue Herausforderungen, andererseits droht der Gesamtzusammenhang des Studiums auf diese Weise immer unübersichtlicher zu werden. Und neben dem Studium? Die Priesteramtskandidaten sollen ja nicht in erster Linie zu Wissenschaftlern ausgebildet werden. Sie sollen Erfahrungen sammeln und verarbeiten: in Gemeinden, in der Arbeitswelt, in der Jugendszene usw. Und nicht zuletzt soll in der Ausbildung ein solider Grundstock für die spirituelle Ausprägung der eigenen Persönlichkeit gelegt werden.
Damit sind auch schon die Tätigkeitsfelder der Jesuiten skizziert. An zwei theologischen Fakultäten in Deutschland (Frankfurt) und Österreich (Innsbruck) trägt der Orden die Sorge für die intellektuelle und

geistliche Ausbildung von Diözesanpriestern. Neben dem Grundstudium sind hier Aufbaustudium, Spezialisierungen und Kontaktstudien für die Fortbildung möglich. 26 Jesuiten sind in Frankfurt als Hochschullehrer tätig, 18 sind es in Innsbruck. Hinzu kommt noch ein theologisch erweitertes Grundstudium in Philosophie, das man an der ordenseigenen Hochschule für Philosophie in München absolvieren kann. Außerdem arbeiten Jesuiten aus Deutschland, der Schweiz und Österreich an Institutionen in Rom mit: an der päpstlichen Universität »Gregoriana«, am Biblicum, am Orientale und am dortigen deutschsprachigen Priesterseminar »Germanicum« mit.
Auch in Frankfurt gibt es neben der Hochschule ein Priesterseminar. Über 80 Priesteramtskandidaten leben derzeit hier, vor allem aus den Diözesen Limburg, Osnabrück und Hildesheim. Sie studieren zusammen mit den Jesuiten, die noch in der Ausbildung sind, und den externen Studenten und Studentinnen. Im übrigen aber haben sie weitgehend ihren eigenen Lebensbereich. Vier Jesuiten stellen das Leitungsteam, zusätzlich sind einige als »Equipe-Patres« in sich frei bildenden Gruppen tätig.
In Innsbruck hat der Orden ein internationales Seminar besonders für Theologen aus Ländern der »Dritten Welt« eingerichtet, das »Canisianum«. Den Studenten aus Asien, Afrika und Lateinamerika soll so der Einstieg im Ausland erleichtert, die Chancen solcher Internationalität sollen fruchtbar gemacht werden. Jesuiten arbeiten auch in diözesanen Priesterseminaren mit. Nach Diplom und Priesterweihe ist die Ausbildung noch nicht beendet. Beim Austausch über pastorale Erfahrungen, der Auseinandersetzung mit aktuellen Themen, beim Erwerben von Sonderqualifikationen – auch in der Priesterfortbildung sind Jesuiten aktiv. Ein besonders wichtiges Feld ist die persön-

liche geistliche Begleitung. Auch Seelsorger brauchen Seelsorge. Neben Exerzitienbegleitern nehmen sich besonders einige »fahrende« Jesuiten, die Diözesanpriester in ihren Gemeinden besuchen, dieser Aufgabe an.

Exerzitien

Entscheidend für die Identität und die geschichtliche Kontinuität des Jesuitenordens sind die »Exerzitien«, die in Buchform festgehaltenen geistlichen Übungen des Ignatius.
Bis vor etwa zwei Jahrzehnten herrschte die Form der sogenannten »Vortragsexerzitien« vor: Ein oder mehrere Male am Tag hielt der Exerzitienleiter Vorträge von unterschiedlicher Dauer, die als Anregungen für die Einzelbetrachtungen der Exerzitanten dienen sollten. 60, 70 und mehr Exerzitanten haben auf diese Weise für drei, acht oder sogar dreißig Tage gleichzeitig geistliche Übungen gemacht. Auch heute wird diese Form gelegentlich noch praktiziert. Aber man hat zunehmend auch ihre Schwachstellen wahrgenommen. Vor allem schränken sie die Möglichkeiten ein, auf die Situation des einzelnen einzugehen und ihn auf seinem persönlichen Weg zu begleiten. Deshalb hat die Form der »Einzelexerzitien« die Vortragsexerzitien heute in zunehmendem Maße abgelöst. Ob drei, acht oder dreißig Tage (so die gängigen »Einheiten«): Jeder Exerzitant bespricht sich täglich mit dem Exerzitienbegleiter, der so besser auf die einzelnen eingehen kann. Acht bis zehn Teilnehmer sind die Obergrenze für solche Exerzitien.
Viele, wenn nicht die Mehrzahl der Jesuiten »geben« gelegentlich Exerzitien. Einige haben sich auf diese Arbeit spezialisiert. Die meisten üben andere Tätigkeiten aus und stehen hin und wieder für die Begleitung

von geistlichen Übungen zur Verfügung, in einem der zahlreichen Exerzitienhäuser in freier Trägerschaft oder auch in einem ordenseigenen Zentrum. In der Schweiz und in der DDR unterhält der Orden je zwei solcher Häuser und in Österreich eines. In der Bundesrepublik Deutschland besitzt der Orden keine eigenen Exerzitienhäuser, wohl aber stehen einige diözesane Einrichtungen dieser Art unter der Leitung von Jesuiten. Meist wird an diesen Orten neben Exerzitien auch Bildungsarbeit geleistet. Die Grundform der Einzelexerzitien läßt viel Spielraum: von gegenstandsloser Meditation über Fastenexerzitien bis zu geistlichen Übungen, die sich streng an die inhaltlichen Vorgaben des Exerzitienbuchs halten. Gelegentlich ist umstritten, wann Exerzitien noch »ignatianisch« genannt werden können. Unabhängig davon, wie diese Frage im Einzelfall beantwortet wird: Die Dynamik und die Kraft der ignatianischen Exerzitien für Menschen in verschiedenen Situationen fruchtbar zu machen, diese Aufgabe bleibt keinem Exerzitienbegleiter erspart. »Encounter-Exerzitien« für Schüler mit Schwerpunkt auf offenem Austausch in den Vereinigten Staaten; »Exerzitien im Alltag« für diejenigen, die sich nicht für eine Woche von ihren Verpflichtungen freimachen können; »Rehabilitations-Exerzitien« für Kriegsopfer in Zimbabwe, die ihre schrecklichen Erlebnisse aus dem Bürgerkrieg verarbeiten wollen – das sind Beispiele für die Flexibilität dieses Instruments.

Wie sieht es mit der Ausbildung der Exerzitienbegleiter aus? Die beste Schule, um Exerzitien zu geben, ist die, selber Exerzitien zu machen. Jeder Jesuit, der in diese Arbeit einsteigt, hat bereits durch seine eigenen geistlichen Übungen einige Erfahrungen gesammelt. Deshalb ist auch der altmodisch klingende Begriff des Exerzitien-»Meisters« gar nicht so unangebracht; nicht weil er alles besser wüßte, sondern weil es hier mehr auf durch Erfahrung geschärfte Wahrnehmung als auf Wissensvermittlung ankommt. Trotzdem bleibt es wichtig, daß die ersten Versuche in der Begleitung anderer ihrerseits von einer Supervision durch einen Dritten begleitet werden. Daneben bieten zwei- bis dreijährige Ausbildungsprogramme, die neben der Haupttätigkeit wahrgenommen werden können, Fortbildungskurse sowie eine jährliche Exerzitien-Werkwoche weitere Hilfen, der Verantwortung, die die Begleitung von Menschen in ihrer Begegnung mit Gott bedeutet, gerecht zu werden.

Adressen:

Exerzitienhäuser in Trägerschaft der Jesuiten:

Exerzitienhaus
Fortunaallee 27 (366-06), DDR–1141 Berlin-Biesdorf 1

Haus Hoheneichen
Dresdner Straße 73 (41-10), DDR–8054 Dresden

Exerzitien- und Bildungshaus
Lainzerstraße 138, A–1130 Wien

Bildungshaus
Bad Schönbrunn, CH–6311 Edlibach/ZG

Notre-Dame de la Route
21, chemin des Eaux-Vives, F–1752 Villars-sur-Glane

Exerzitienhäuser unter der Leitung von Jesuiten:

Haus Gries
Nr. 6, D–8641 Wilhelmsthal

»Christliche Meditationsstätte Sonnenhaus Beuron Dritte Welt«
Sonnenhaus, D–7792 Beuron 1

[Fortsetzung Exerzitienhäuser]
Schloß Fürstenried
D–8000 München 71

Mission

Wörtlich übersetzt bedeutet das Wort »Sendung«. Seine lateinische Wurzel hat es gemeinsam mit einem anderen deutschen Fremdwort: Messe. Es geht um ein Gesandtsein, das alle Christen meint: aus dem Glauben zu leben und so den zu bezeugen, der solches Leben möglich macht. Heute liegen bei dem Wort »Mission« freilich meist andere Assoziationen näher. Der Missionar als Agent einer fremden Kultur von selbsternannter Überlegenheit; die Missionsstation als wohlgemeintes Sozialzentrum, in Wirklichkeit aber Brückenkopf kultureller Entfremdung und Enteignung; Mission als Machtausübung im Namen eines überholten Wahrheitsanspruchs.
Gesandtsein und Lebenszeugnis gehören zur christlichen Identität, auch in weltweitem Maßstab. Aber so einfach wie mit der alten Gleichung: Hier »Mutterländer« – dort »Missionsländer«, nach der den einzelnen Jesuitenprovinzen »ihre« Missionsgebiete zugeteilt wurden, geht es nicht mehr. Seit einigen Jahrzehnten hat ein weltweiter Wandel des Verhältnisses der Ortskirchen zueinander eingesetzt, der das Gesicht der Kirche verändert. Die Einheit der Gesamtkirche in der Verschiedenheit ihrer Ortskirchen ist immer weniger durch eingleisige Beziehungen der Abhängigkeit zu wahren. Ein »Ausbau der Geleise« aber bringt neben den Risiken einer schwierigen Kontrolle vor allem eine Bereicherung des kirchlichen Lebens, wie sie vor wenigen Jahren noch kaum geahnt wurde. Das fordert neben gegenseitiger materieller Hilfestellung nach wie vor auch personellen Einsatz,

»Missionare«, die bereit sind, sich dem Kulturschock eines langfristigen Aufenthalts in der Fremde auszusetzen – sei das nun in Afrika, Asien oder Mitteleuropa. Hier ist gerade auch die Gesellschaft Jesu wegen ihrer hohen Internationalität in Anspruch genommen. Gegenwärtig befindet sich von den deutschsprachigen Provinzen etwa ein Zehntel ihrer Mitglieder vorläufig oder auf Dauer im Ausland. Der Anteil der deutschen, österreichischen und schweizerischen Jesuiten in den ehemaligen Missionsgebieten macht noch ungefähr ein Zwanzigstel der gegenwärtigen Mitgliederzahl dort aus. Angesichts der angespannten Personallage in den meisten europäischen Ordensprovinzen fällt es den Verantwortlichen immer schwerer, Mitbrüder in andere Länder gehen zu lassen und auf dem eigenen Gebiet Häuser zu schließen. Trotzdem ist ein klares Bewußtsein dafür da, daß solcher Einsatz sinnvoll und notwendig ist.

Missionszeitschriften:

Die katholischen Missionen
Lennéstraße 5, D–5300 Bonn 1

Aus dem Land der aufgehenden Sonne
Stolzestraße 1a, D–5000 Köln 1

IHS
Hirschengraben 74, CH–8001 Zürich

Sambesi
Nieder-Ramstädterstraße 30, D–6100 Darmstadt

Weltweit
Königstraße 64, D–8500 Nürnberg

Bereits in der Gründungsbulle des Jesuitenordens von 1540, der von Papst Paul III. bestätigten »Formula Instituti«, verpflichtet Ignatius die Mitglieder des Ordens dazu, »sich besonders um die Unterweisung von Kindern und einfachen Menschen in der christlichen Lehre zu kümmern«. Und in der Ordensregel, die Ignatius in den folgenden Jahren verfaßt, heißt es dann: »In den leiblichen Werken der Barmherzigkeit sollen sie – die Jesuiten – sich auch einsetzen, soweit es die geistlichen Werke, die wichtiger sind, erlauben und soweit die Kräfte ausreichen. Zum Beispiel kann man den Kranken helfen, besonders in Spitälern, indem man sie besucht und einige zu ihrem Dienst schickt; und unter Streitenden den Frieden stiften; auch für die Armen und die Gefangenen in den Kerkern tun, was einem selbst möglich ist, und dafür sorgen, daß andere es tun« (Konstitutionen, Nr. 650). Ignatius und die ersten Gefährten lebten das, worüber sie schrieben. Ihr Impuls ist lebendig geblieben, und mit ihm auch ein kritischer Blick auf gelegentliche Tendenzen, sich mit negativer gesellschaftlicher Wirklichkeit abzufinden. Klassiker dieses Apostolats haben sich seit den Anfängen durchgehalten: Krankenhausseelsorge und Gefängnisseelsorge. Häufiger aber gilt es, auf neue Notsituationen zu reagieren. So begründete P. Stillfried SJ zusammen mit dem Frankfurter Pfarrer Pehl 1958 die Institution der »Offenen Tür«. Im Zentrum von Großstädten können ratsuchende Menschen in offenen Räumen unkompliziert Hilfe für die verschiedensten Probleme finden. Fachkundige Sozialarbeiter, Psychologen und Juristen arbeiten in den mittlerweile zahlreichen Lebensberatungsstellen dieser Art, die es derzeit in der Bundesrepublik gibt; fünf davon werden von Jesuiten geleitet.

In wachsendem Maße kommen auch internationale Probleme in den Blick. 1980 rief der damalige Generalobere, Pedro Arrupe, den Flüchtlingsdienst der Jesuiten (Jesuit Refugee Service) ins Leben[5].
Eine andere Initiative ist das von P. Bernhard Ehlen ins Leben gerufene »Komitee Ärzte für die Dritte Welt«. Ähnlich wie das bekannte »Komitee Notärzte« des Journalisten Rupert Neudeck organisiert, vermittelt und begleitet es freiwillige und unbezahlte Arbeitsaufenthalte deutscher Ärzte und Krankenpfleger in Elendsvierteln Asiens und Lateinamerikas.
Ein weiterer wichtiger Sektor ist die theoretische Arbeit. Jesuiten arbeiten als Sozialwissenschaftler, sind als Berater tätig oder bilden, wie an der Katholischen Sozialakademie Österreichs, Betriebsräte aus. Der Konfrontation verschiedener Perspektiven aus Theorie und Praxis unterschiedlicher Länder dienen jährliche Treffen auf europäischer Ebene.
Seit gut zwanzig Jahren hat das Wort »Sozialapostolat« noch einen anderen Klang bekommen. Nicht mehr für, sondern mit den Armen und sozial Benachteiligten zu leben, war das Schlagwort, das die neue Einstellung treffend charakterisiert. Mit Erschrecken hatte man vielerorts von seiten der Kirche wahrgenommen, daß man sich von ganzen Schichten der Bevölkerung weit entfernt hatte. War nicht in Europa die Kirche der Arbeiterschaft größtenteils entfremdet? Hatte die Kirche in Lateinamerika nicht lange genug in einem Dornröschenschlaf verharrt und merkte jetzt, beim langsamen Aufwachen, daß sie ihr Volk erst suchen mußte?
Das gilt auch für die Gesellschaft Jesu. Weitgehend aus der Mittelklasse rekrutiert, hatte sie sich auch weitgehend an diese gewendet. Das wurde nun von vielen

[5] Weiteres darüber in Kapitel V, S. 158 ff.

als schmerzliches Defizit empfunden. Der erste Schritt aus dieser Situation war und ist die Einsicht in die eigene Lernbedürftigkeit. Das Katheder muß mit der Schulbank vertauscht werden. Jesuiten leben und arbeiten als Arbeiterpriester unter Arbeitern (im deutschsprachigen Raum sind es derzeit allerdings nur drei). Jesuiten teilen das Leben von Behinderten in gemischten Wohngemeinschaften der Organisation »Arche«; sie leben mit Menschen am unteren Ende der sozialen Stufenleiter in Gruppen von »ATD-4. Welt« (eine französische Gründung).

Der Grundtenor der Erfahrungen ist dabei immer wieder, nicht nur Geber, sondern vor allem Beschenkter zu sein. Es sind nur einige Jesuiten, die auf diese Weise Sozialapostolat »betreiben«, aber ihre Erfahrungen sind fruchtbar für die gesamte Gemeinschaft. Das gilt auch noch in anderer Rücksicht: Hier wie kaum sonst arbeiten Jesuiten mit engagierten gläubigen Laien zusammen, nicht als Dienstherren, sondern in einer Reihe mit ihnen. Auch das ist für die Gesellschaft Jesu ein nicht zu vernachlässigendes Lernfeld. Als Beispiel ein Blick auf eine Initiative in Wien. Drei Häuser für Nichtseßhafte und Haftentlassene, ein Frauenhaus und ein Jugendrestaurant wurden hier von P. Georg Sporschill SJ eingerichtet. Träger ist die Caritas. Das Grundprinzip all dieser Häuser besteht darin, daß junge Menschen aus schwierigen sozialen Verhältnissen mit solchen, die aus günstigeren Bedingungen kommen, unter einem Dach leben. Alle sind nach ihrem Maß dafür verantwortlich, daß das Zusammenleben klappt, von der Wäsche über Verwaltungsarbeit bis zur Vorbereitung von Gottesdiensten und Festen.

Erwachsenenbildung

Viele der genannten Exerzitienhäuser und Begegnungszentren der Jesuiten engagieren sich in der Erwachsenenbildung. Dabei können die Akzente des Programms sehr verschieden sein. Während sich das Heinrich-Pesch-Haus in Ludwigshafen mit Fragen der katholischen Soziallehre beschäftigt, ist zum Beispiel die Karl-Rahner-Akademie in Köln vor allem der theologischen Weiterbildung verpflichtet. Aber auch Häuser wie das Caritas-Pirckheimer-Haus in Nürnberg oder das Bildungshaus in Wien-Lainz beschäftigen sich nicht nur mit außerschulischer Jugendarbeit oder Exerzitien, sondern erarbeiten jedes Jahr ein breites Begegnungs- und Bildungsprogramm.

Adressen:

Karl-Rahner-Akademie
Jabachstraße 6–8, D–5000 Köln 1

Heinrich-Pesch-Haus
Frankenthalerstraße 229, D–6700 Ludwigshafen

Krankenseelsorge

So vergessen und verschwiegen wie oft kranke Menschen sind auch mitunter diejenigen, die sich um sie sorgen. Dabei gehörten zu den Armen, denen Jesus sich zuwandte, an hervorragender Stelle die Kranken – nicht nur, um sie körperlich zu heilen (vgl. Mk 2, 1–12).
Krankheit ist nicht allein eine Herausforderung für Medizin und Technik, sondern eine Aufgabe für den ganzen Menschen: für die unmittelbar und mittelbar Betroffenen. In der Krankheit begegnet der Mensch

dem Tod. Und doch müssen Krankheit und Tod nicht nur Sackgassen sein, sondern können Zeiten besonderer Gnade sein. Für Ignatius begann die Wende seines Lebens auf dem Krankenbett. Wären die Gesunden nicht nur erleichtert darüber, gesund zu sein, sondern auch bereit, von den Kranken zu lernen, wäre ein erheblicher Beitrag zur Vermenschlichung der Gesellschaft geleistet, auch ihrer Methoden, Kranke und Sterbende zu »versorgen«.
Neben den vielen Jesuiten, die in Krankenhäusern Kranke geistlich begleiten, sind einige auch in besonderer Weise im Dienst der Kranken tätig: in Lebensgemeinschaften mit körperlich Behinderten ebenso wie in Therapiegruppen für psychisch Kranke.

Jesuiten in der Charismatischen Erneuerung (CE)

Sind es in Europa etwa 400 Jesuiten, die sich diesem geistlichen Aufbruch in der Kirche verbunden wissen, so in der Welt mehr als 1000. Das bedeutet zuerst, daß sie persönlich durch die Kraft des Heiligen Geistes eine neue Lebendigkeit in ihrer Beziehung zu Gott dem Vater in Christus erfahren haben. Von da her entdecken sie neu die trinitarische Prägung der Frömmigkeit des Ignatius und erleben in den Exerzitien eine entscheidende Hilfe für die Prüfung geistlicher Erfahrungen.
Erst von dieser eigenen Veränderung her ergibt sich für viele dann der Auftrag, in dieser geistlichen Bewegung, der heute mehr als 20 Millionen Katholiken zuzurechnen sind, pastorale Dienste zu übernehmen: durch Hilfen zur geistlichen Unterscheidung, besonders in den Exerzitien, durch theologische Klärung und Begleitung sowie durch die Übernahme von Leitungsaufgaben oder die Gründung neuer Laiengemeinschaften. P. Fio Mascarenhas SJ aus Indien war zunächst mehrere Jahre Leiter des internationalen

Büros in Rom (ICCRO) und von 1981–1987 Vorsitzender des Internationalen Rates der CE.
Im Mai 1987 waren unter den 1000 Delegierten des Internationalen Leitertreffens der CE 30 Jesuiten in Rom. Sie trafen sich anschließend mit P. General Kolvenbach, der in seiner Ansprache betonte: »Wenn in der Kirche die geistliche Unruhe vieler neuer Bewegungen uns vom Heiligen Geist her etwas zu sagen hat, wieviel mehr trifft das für Jesuiten zu, die in einer Strömung wie der der Charismatischen Erneuerung eine Erfüllung ihrer jesuitischen Berufung entdeckt haben. Haben sich doch von Anfang an um Ignatius Menschen geschart, die in ihrer Spiritualität sehr verschieden waren.« Die herzliche Gemeinschaft unter diesen Mitbrüdern – sie finden immer wieder Gelegenheit, sich zu treffen – läßt an den Freundeskreis der »ersten Gefährten« denken. Das mindert nicht die Dialogbereitschaft mit der ganzen Gesellschaft Jesu, sondern fördert sie, da das Wachstum im Geist sich nur ereignen kann in einem offenen Geben und Nehmen innerhalb der ganzen Kirche.

Kontaktadresse in Deutschland:

P. Hubertus Tommek SJ
Neue Kantstraße 1, D–1000 Berlin 19

5. Jesuitinnen?

Es gibt keinen Frauenorden, der sich »Jesuitinnen« nennt. Der Begriff soll hier nur für solche Frauenorden und Frauenkongregationen gebraucht werden, deren Gründung mit dem ignatianischen Geist zusammenhängt und die deswegen zeitweise im Volksmund, von Freunden wie Gegnern, so genannt wurden.

Der Jesuitenorden ist ein Männerorden. Zwar wurde Ignatius schon in der Frühzeit des Ordens gefragt, ob er nicht, ähnlich wie andere Orden, einen weiblichen Zweig seines Ordens gründen wolle, aber Ignatius entschied sich dagegen. Seine Entscheidung hängt unter anderem damit zusammen, daß er keine geistliche Partnerin fand wie einst Franziskus Clara, Benedikt Scholastika und später Johannes vom Kreuz Theresia von Avila. Sicher hätte zudem, so revolutionär das Ordenskonzept des Ignatius damals für einen Männerorden war, dasselbe Projekt für einen parallelen Frauenorden noch mehr innerkirchliche Eruptionen verursacht. Ignatius befürchtete auch, mit der Gründung eines weiblichen Zweiges den Jesuitenorden und sein Apostolat zu sehr an diese Frauengemeinschaft zu binden.
Trotzdem liegen in den Exerzitien und im Ansatz des jesuitischen Apostolats auch viele Möglichkeiten für Frauen, die ein geistliches und apostolisches Leben führen wollen. Ignatius selber gab Frauen oft Exerzitien, und in der Geschichte erwies sich, daß die Frage nach der Übertragung des ignatianischen und jesuitischen Ordenstypus auf eine Frauengemeinschaft nie verstummte, weder in der Gesellschaft Jesu noch in der Kirche. Deswegen sollen hier kurz einige Ordensgemeinschaften von Frauen vorgestellt werden, die sich aus der Inspiration der jesuitischen Exerzitien gebildet haben und am Apostolat der Kirche aktiv teilnehmen.

Maria Ward-Schwestern

Der Name Mary Ward steht für den konsequenten Versuch, das jesuitische Ordensideal auf einen Frauenorden zu übertragen. Er endete in einer Tragödie.
Mary Ward ist eine der großen Frauengestalten der Kirchengeschichte. Sie stammte aus dem katholischen

Adel von Yorkshire (England) und wuchs in der Atmosphäre der Verfolgung der katholischen Kirche in England auf. Ihre Gemeinschaft beginnt 1609 in St. Omer (Frankreich) mit dem Ziel einer Gemeinschaft von Jesuitinnen, die ohne Klausur lebten und sich vor allem in England im Untergrund der Erziehung der weiblichen Jugend widmen wollten. Nichts, was das Kirchenrecht damals für Frauenorden vorsah, war mit diesem Konzept vereinbar. Dies führte zu immer mehr innerkirchlichen, von Jesuiten eher mitgetragenen Widerständen gegen die »Englischen Fräulein«, wie sie genannt wurden. Die Klagen kamen nach Rom und führten 1631 zur Katastrophe: Papst Urban VIII. hob das Institut der Mary Ward auf. Da diese die Nachricht von der Aufhebung für ein Gerücht ihrer Gegner hielt und deswegen in einem Brief ihre Ordensschwestern aufforderte, dieser nicht Folge zu leisten (sie betont in dem gleichen Brief aber die grundsätzliche Gehorsamspflicht gegenüber dem eigentlichen Willen des Papstes), griff die Inquisition gegen sie als »Häretikerin« und »Schismatikerin« zu. Sie wurde zwar in einem Prozeß von diesem Vorwurf rehabilitiert, aber die Aufhebungsentscheidung blieb: Ihre Gemeinschaft war verjagt und zerstreut.

Die Gemeinschaft blieb aber unter dem Schutz der Bischöfe bestehen. Zunächst wurde die Schultätigkeit wieder erlaubt, dann das Zusammenwohnen, im 18. Jahrhundert sogar das Amt einer Generaloberin. Bis 1909 blieb es den »Englischen Fräulein« jedoch untersagt, Mary Ward als ihre Stifterin zu bezeichnen.

Heute sind die Mary Ward-Schwestern in der Kirche als Orden anerkannt. Sie dienen der Kirche und den Menschen auf vielfältige Weise, mit einer »besonderen Sorge für das Wohl der Jugend«, die allerdings mehr Einrichtungen umfaßt als die Schulen, für die sie in der Regel bekannt sind. In der Bundesrepublik gliedern sie sich in sechs Provinzen auf, darüber hinaus sind sie in Europa sowie auf allen anderen Kontinenten präsent. Die Ordenszentrale befindet sich in Rom. Zur Zeit hat das Institut ca. 2 700 Mitglieder. Mary Ward war eine Frau, die in jeder Hinsicht eine Identifikationsgestalt für eine geistliche und aktive Lebensform von Frauen in der Kirche ist. Leider steht bis heute ihre Heiligsprechung aus. Sie wäre eine verspätete öffentliche Richtigstellung der damaligen Fehlentscheidung der Kirchenleitung und zugleich eine Ermutigung für alle Frauen, die an der Sendung der Kirche teilnehmen wollen.

Kontaktadresse:

Institut BMV, Maria Ward-Schwestern
Ballplatz 1–3, D–6500 Mainz

Sankt Josephsschwestern

Als der französische Jesuit und Kollegsrektor Jean Pierre Médaille 1646 in der Stadt Le Puy begann, eine Kongregation von Frauen zu gründen, deren Ziel ein apostolisches Leben sein sollte, konnte niemand die Dynamik erahnen, die sich aus diesem Versuch ergeben sollte. Eigentlich reagierte P. Médaille nur auf eine spezifische Not seiner Zeit, als er entdeckte, wie viele kranke und leidende Menschen gar keine Möglichkeiten hatten, zu einem der Hospize und Krankenhäuser durchzukommen. So gewann er die Überzeugung, es sei nötig, eine Gruppe zu gründen, die selber zu den kranken und armen Menschen hinginge. Dieses Anliegen, übertragen auf eine Frauenkongregation, war in seinen Konsequenzen ungewöhnlich. Im Ergebnis bedeutete es nämlich die vorrangige Stellung des Apostolates, d. h. auch die Hintanstellung des Chorgebetes

und aller klösterlichen Aspekte des Ordenslebens, die Notwendigkeit von Verfügbarkeit einschließlich der Fähigkeit, sich auf den jeweiligen besonderen Charakter der Not der Menschen ein- beziehungsweise umzustellen. Zugleich gab die Kongregation von P. Médaille Frauen aus niedrigeren sozialen Stellungen die Möglichkeit eines Ordenslebens, das sonst in den »klassischen« Klöstern der damaligen Zeit für die Frauen mit einer Art Aussteuer verbunden war, die sie beim Eintritt mitzubringen hatten. Die Kongregation wuchs schnell und wurde 1650 vom Bischof von Le Puy mit einigen Auflagen approbiert. Die Gründung der Kongregation brachte aber P. Médaille bald Schwierigkeiten innerhalb seines eigenen Ordens. Er wurde in die Volksmission versetzt, in der er bis zu seinem Tode 1669 wirkte. Der Ort, wo er begraben liegt, ist unbekannt.
Die Kongregation jedoch expandierte in Frankreich, bis die französische Revolution ihr ein Ende machte. Nach der französischen Revolution kam es zu einer »zweiten Gründung«, die zu einem neuen Wachstum weit über die Grenzen Frankreichs hinaus führte. Die starke Ausbreitung machte die Gründung verschiedener »Zweige« notwendig – keine Abspaltungen, sondern organisatorische Zusammenschlüsse, die untereinander in Beziehung stehen. Heute sind die Sankt Josephsschwestern besonders stark in den USA, Brasilien, Argentinien, Indien, Frankreich, Italien, Skandinavien, England, aber auch sonst weltweit vertreten. Mit ca. 27 000 Mitgliedern sind sie einer der größten aktiven Frauenorden der Kirche. Das geistliche Grunddokument der Sankt Josephsschwestern ist der »Eucharistische Brief« von P. Médaille. In diesem kurzen Dokument entfaltet der Gründer das Ideal der Kongregation von der Eucharistie her. Die Genialität dieses für seine Zeit gar nicht gewöhnlichen Ansatzes

besteht in der reichen Ausdeutung der Eucharistie für das christliche Apostolat: Die Eucharistie ist Ort des Beschenktseins und der Anbetung; Ausdruck von Gemeinschaft untereinander und mit der gesamten Kirche; Zentrum, aus dem die Sendung in die Welt hervorgeht und somit Teilhabe am Priestertum der Kirche. Er rückt das Apostolat der Frauen von Le Puy (und ihrer Nachfolgerinnen) damit in die Mitte des kirchlichen Selbstverständnisses.

Kontaktadressen:

Sankt Josephsschwestern
Primulavej 1, DK–2720 Kopenhagen 0

Haus Ludgerirast
Gerleve, D–4425 Billerbeck.

Gesellschaft der Töchter vom Herzen Mariä

Im Jahre 1773, dem Jahr, in dem Papst Gregor VII. den Jesuitenorden auflöste, legte der französische Jesuit Pierre de Clorivière (1735–1820) seine feierlichen Ordensgelübde ab. Mit der Auflösung der Gesellschaft Jesu und dem später anhebenden antikirchlichen Terror im bürgerlichen Frankreich entstand die Idee der Gründung einer »Gesellschaft vom Herzen Jesu«. 1787 hatte Clorivière die bretonische Adelstochter Adelaide de Cicé kennengelernt, die seine Gründungsidee teilte und einen weiblichen Zweig, die »Gesellschaft der Töchter vom Herzen Mariä« aufbaute. Der Kern der Idee von Clorivière und Cicé war das Verbergen des Ordenslebens vor der Öffentlichkeit. Die drei Gelübde der Armut, Ehelosigkeit und des Gehorsams sollten so gelebt werden, daß alles »Nebensächliche« reduziert würde: Das Leben innerhalb von Familie und Beruf

sollte weitergeführt werden, soweit es mit dem Kern der drei Gelübde vereinbar ist; auf eine Tracht sollte ebenso verzichtet werden wie auf die Notwendigkeit, unter einem Dach zu wohnen; den Oberen und Oberinnen sind die Ordensleute nur in dem Bereich untergeordnet, in dem sie nicht gesetzlich oder beruflich gebunden sind.
Clorivière berief sich für sein Konzept auf die biblischen Bilder vom »Salz der Erde« (Mt 5, 13) und vom »Sauerteig, den eine Frau unter einen großen Trog Mehl mischte, bis das Ganze durchsäuert war« (Mt 13, 33).
Diese Ordensgründung hätte, vor allem was den weiblichen Zweig betrifft, niemals kirchliche Anerkennung gefunden, wenn nicht die Christenverfolgung im revolutionären Frankreich zusätzliche Plausibilitäten für die Kirchenleitung geschaffen hätte. 1801 wurden die beiden »Gesellschaften« von Pius VII. approbiert. Mit der Wiedererrichtung der Gesellschaft Jesu in der katholischen Kirche 1814 wurde Clorivière zu dem führenden Anreger des Wiederaufbaus des Jesuitenordens in Frankreich. Die »Gesellschaft der Töchter vom Herzen Mariä« blieb bestehen.
Heute zählt sie 2 700 Mitglieder, verteilt auf allen Kontinenten. Ähnlich wie in der Gesellschaft Jesu gehen die Zahlen in Europa zurück, während sie vor allem in Indien, Asien und Lateinamerika wachsen.
Das Leben der beiden Gründergestalten gehört zu den großen, beeindruckenden und noch gar nicht ausgeschöpften Biographien der Kirchengeschichte. Der heute bieder anmutende Name »Töchter vom Herzen Mariä« sollte die richtigen und intendierten Assoziationen auslösen: Sie bilden eine Institution, die in Verfolgung und Auseinandersetzung bewährt wurde.

Kontaktadresse:

Provinzialat »Töchter vom Herzen Mariä«
Subbelratherstraße 246, D–5000 Köln 30

Sacré-Cœur-Schwestern

In der Zeit seiner Aufhebung (1773–1814) überlebte der Jesuitenorden bekannter- und paradoxerweise im protestantischen Preußen und im orthodoxen Rußland. Dadurch war eine Hoffnung auf die Wiedererrichtung der Gesellschaft Jesu grundgelegt, die unter anderem ihren Ausdruck in der Gründung einer nichtoffiziellen Ordensgemeinschaft fand, die sich den Namen »Väter vom Herzen Jesu« gab. Ihr Gründer, P. Leonor de Tournély, verfolgte schon sehr früh den Plan, eine Frauengemeinschaft zu gründen, die seiner Gründungsinspiration entsprach. Da er früh verstarb, vertraute er den Plan seinem Mitbruder P. Joseph Varin an.
Durch die Vermittlung ihres Bruders Louis Barat traf P. Varin in Frankreich im Herbst 1800 auf Madeleine Sophie Barat. Am 12. 12. 1779 im burgundischen Joigny geboren, war sie von ihrem Bruder nach dessen Freilassung aus dem Pariser Gefängnis (er hatte sich geweigert, als geweihter Diakon den Eid auf die Verfassung zu leisten) 1794 in die Hauptstadt geholt worden. Unter der geistlichen Leitung von P. Varin entstand eine apostolische Ordensgemeinschaft von Frauen, die »Dames de l'instruction chrétienne«. Am 21. 11. 1800 begann Sophie Barat bei ihm zusammen mit drei Gefährtinnen ihr Noviziat und übernahm anschließend als erste apostolische Tätigkeit ein schlecht laufendes Internat in Amiens mit 20 Schülerinnen. In Zusammenarbeit mit P. Varin schrieb Sophie Barat an den Konstitutionen ihres größer werdenden Instituts

und entwickelte zugleich für ihre Schülerinnen einen Lehrplan, der dem Lehrplan der Jesuiten folgte und damit von den typischen Fächern abwich, in denen Mädchen seinerzeit unterrichtet wurden: In ihrem Erziehungssystem kamen die Schülerinnen früh mit Grammatik, Logik und Philosophie in Berührung.
Als Generaloberin ihres neuen Ordens (1806 gewählt) brauchte sie neun Jahre interner Auseinandersetzungen (von den externen, politischen Schwierigkeiten ganz zu schweigen) mit ihren Gegenspielern, Mutter Baudemont und Abbé St. Estève, um ihre grundsätzliche Ausrichtung nach der Ordensregel des Ignatius von Loyola, vor allem aber die Weihe an das Herz Jesu und die eucharistische Anbetung als spezifische Elemente der Ordensgemeinschaft durchzusetzen. Erst 1815 konnten die Konstitutionen im Generalrat des Ordens angenommen werden. Sophie Barat wurde zur Generaloberin auf Lebenszeit gewählt, und es wurde beschlossen, daß alle Ordensfrauen mit ewigen Gelübden einen Ring und ein Kreuz tragen sollten, auf dem das Motto der Gesellschaft eingraviert war: Cor unum et anima una in corde Jesu – ein Herz und eine Seele im Herzen Jesu. Die Herz-Jesu-Verehrung galt in jenen Jahren als politisch suspekt, und ihre Anhänger wurden als Royalisten verdächtigt. Die Ursprünge dieser Spiritualität sind vor allem mit den Namen der Hl. Margareta Maria Alacoque verbunden. P. Claude de la Colombière SJ lernte sie 1675 in Paray le Monial mit Margareta kennen und wurde ihr Beichtvater und Seelenführer.
Sophie Barat stellte durch die »Weihe« ihres Ordens an das »Herz Jesu« die Gemeinschaft in die Tradition einer Spiritualität, die – dem Geist der Exerzitien verwandt – der persönlichen und innigen Verbindung mit Jesus gewidmet ist, die das Affektive in Gebet und Leben umfaßt, die sich aus dieser erfahrenen Liebe

heraus gesendet weiß und die ihre Wurzel in den großen biblischen Bildern vom Herzen Jesu und vom Herzen Gottes hat, von denen Joh 19, 34 nur das bekannteste ist.

1804 traf Sophie Barat in Grenoble auf Philippine Duchèsne, die ihre eifrige und ebenbürtige Gefährtin wurde. Philippine Duchèsne († 1852, heiliggesprochen am 3. 7. 1988) führte die neue Ordensgemeinschaft 1818 in Amerika ein und brachte sie dort rasch zu einer Blüte wie in Europa. Mit dem Wachstum des Ordens entstanden auch alle klassischen Probleme der Etablierung, die in der jungen Gesellschaft diskutiert wurden. Beispielhaft ist die Diskussion um das »Hotel Biron« in Paris. Dieses prächtige Haus erwarb Sophie Barat 1820 mit Hilfe von Wohltätern. Zieht ein Besitz, der luxuriös wirken kann, nicht nur Kinder einer ganz bestimmten Gesellschaftsschicht an? Diese Frage enthält die grundlegende Spannung, mit der sich nicht nur die Sacré-Cœur-Schwestern, die selbst in völliger Armut lebten, auseinandersetzen mußten und auch heute noch müssen. Sie ist mit einem apostolischen Armutsverständnis mitgegeben.

Sophie Barat starb am 25. 5. 1865 und wurde von Papst Pius XI. 1925 heiliggesprochen. Heute leben ca. 4 200 Sacré-Cœur-Schwestern in allen Kontinenten. Entsprechend ihrem vierten Gelübde widmen sie sich dem Apostolat der Erziehung, das mit ihrem Ursprung verbunden ist.

Kontaktadresse:

Provinzialat Sacré-Cœur
Danzigerstraße 52, D–2000 Hamburg 1

II. Die geistliche Struktur des Ordens – Spiritualität

1. Exerzitien

Wenn man einen Jesuiten fragt, was das »eigentlich Jesuitische«, das Spezifikum des Ordens sei, wird man zur Antwort bekommen: die Exerzitien. Die Exerzitien sind das geistliche Testament, das Ignatius seinem Orden hinterlassen hat. Erst durch die Exerzitien, die jeder Jesuit zweimal in der vollen, vierwöchigen und sonst jährlich in achttägiger Form macht, wird man Jesuit: Hier erfolgt die entscheidende geistliche Formung, die das ganze Ordensleben prägt.

»Exerzitien« bedeuten »Übungen«. Es handelt sich also um ein methodisches geistliches Training, das von Ignatius selbst auf dem Hintergrund seiner geistlichen Erfahrungen in die heute vorliegende Form gebracht wurde. Der baskische Adelige hatte eine höfische Erziehung genossen, in deren Zentrum der ritterliche Gottes- und Minnedienst stand. So war er in den Grundelementen des Glaubens unterwiesen worden. Das Exerzitienbüchlein belegt den geistlichen Prozeß, der mit der Verwundung in Pamplona und den Monaten auf dem Krankenlager in Loyola begann und mit der freien Entscheidung für die Hingabe an den kreuztragenden, liebenden Christus endet. Dieser Prozeß ist zugleich persönlich und strukturiert. Ohne Strukturen ließe sich aus ihm keine »geistliche Übung« machen.

Wer das Exerzitienbüchlein in der Hoffnung auf eine interessante, erbauliche oder fesselnde Lektüre zur Hand nimmt, wird es schnell und enttäuscht beiseite

legen. Die Exerzitien sind gar nicht als Lese- und Erbauungsbuch gedacht, sondern vielmehr ein Anleitungsbuch, das der Gattung nach eher Ähnlichkeit mit einem Koch- oder Etüdenbuch hat als mit einem erbaulichen Werk oder einem Roman. Das Exerzitienbuch wendet sich sowohl an den Übenden (Exerzitant) als auch an den, der die Exerzitien gibt (Magister = Meister, Begleiter). Es muß praktiziert werden.
Nach der Formulierung des Ignatius besteht das Ziel der Exerzitien darin, »sein Leben zu ordnen und sich nicht durch irgendeine ungeordnete Neigung bestimmen zu lassen« (EB 21). Der Ordnungsrahmen wird nun aber nicht abstrakt vorgegeben, sondern in der Begegnung mit dem lebendigen Gott und seinem Heilswillen erlebt. Dazu dient zu Beginn die Betrachtung des »Prinzips und Fundaments« der Exerzitien (EB 23), in welcher der Exerzitant seine Grundposition vor Gott und in der Schöpfung meditiert. Anschließend folgt in der »ersten Woche« (die nicht primär eine Zeitangabe, sondern eine Angabe der Reihenfolge ist) die Betrachtung der vergebenden Gnade, der Barmherzigkeit Gottes und der eigenen Lebensgeschichte, die mit Schuld beladen und in Sünde verstrickt ist. In der ersten Woche wird die für die Exerzitien so wichtige Dimension erreicht, daß Gott in der Lebensgeschichte eines jeden Menschen handelt, daß er sich »lebensgeschichtlich vermittelt«. Vor dem barmherzigen Gott stellt sich der Exerzitant der Frage nach seiner Identität. Dabei soll allerdings die Umwelt nicht aus dem Blick geraten – es geht nicht nur um das Verhältnis der Seele zu Gott, sondern (wie immer bei Ignatius) um das Verhältnis der ganzen Welt – in welcher der einzelne prägend und geprägt steht – zu Gott.
Erst nachdem die Offenheit und Verfügbarkeit für den an mich herantretenden Willen Gottes errungen und

Am Beginn des Exerzitienbüchleins, direkt hinter den Anweisungen für den Exerzitienmeister, steht das *Prinzip und Fundament der Exerzitien.* Ignatius von Loyola schrieb es, um Verdächtigungen hinsichtlich seiner Rechtgläubigkeit entgegenzutreten, die sich gegen ihn und seine EXERZITIEN richteten. Über diesen historischen Anlaß hinaus hat es aber seine Bedeutung als theologische Überschrift über die Exerzitien gewonnen.

Prinzip und Fundament

Der Mensch ist geschaffen, um Gott, unseren Herrn, zu loben, ihm Ehrfurcht zu erweisen und zu dienen und mittels dessen seine Seele zu retten; und die übrigen Dinge auf dem Angesicht der Erde sind für den Menschen geschaffen und damit sie ihm bei der Verfolgung des Ziels helfen, zu dem er geschaffen ist.

Daraus folgt, daß der Mensch sie soweit gebrauchen soll, als sie ihm für sein Ziel helfen, und sich soweit von ihnen lösen soll, als sie ihn dafür hindern.

Deshalb ist es nötig, daß wir uns gegenüber allen geschaffenen Dingen in allem, was der Freiheit unserer freien Entscheidungsmacht gestattet und ihr nichts verboten ist, indifferent zu machen. Wir sollen also nicht unsererseits mehr wollen: Gesundheit als Krankheit, Reichtum als Armut, Ehre als Ehrlosigkeit, langes Leben als kurzes; und genauso folglich in allem sonst, indem wir allein wünschen und wählen, was uns mehr zu dem Ziel hinführt, zu dem wir geschaffen sind.

von Gott her in seiner Barmherzigkeit geschenkt ist, folgt die Betrachtung des Lebens Jesu, von der Geburt an (2. Woche) bis zu seinem Kreuz (3. Woche) und zu seiner Auferstehung (4. Woche). Worum es dabei geht, wird besonders deutlich in den Betrachtungen vom Ruf des Königs (EB 91 f) und von der Menschwerdung (EB 101 f), wo es heißt: »Unseren Herrn um Gnade bitten, damit ich für seinen Ruf nicht taub sei, sondern rasch und eifrig dafür, seinen heiligsten Willen zu erfüllen« (EB 91), und: »... innere Erkenntnis des Herrn erbitten, der für mich Mensch geworden ist, damit ich mehr ihn liebe und ihm nachfolge« (EB 104). Wenn ich in den Betrachtungen und im Prozeß der Exerzitien den Ruf Christi an mich vernommen, »verspürt« und »verkostet« habe, ist das Ziel gegeben, auf das hin ich meine Neigungen (alle Gaben, Gefühle, Wünsche) ausrichten und zu einer Lebensentscheidung finden kann. Denn es wird die freie Antwort auf die befreiende Zuwendung der Liebe Christi sein, der »für mich« so viel getan hat.
Der Anfänger im geistlichen Leben findet in dem Exerzitienbüchlein Schemata und methodische Anweisungen, um das stille, innere Gebet zu lernen, die Widerstände wahrzunehmen und zu überwinden, die sich im Gebet ergeben, und um sich an die Meditation zu gewöhnen. Zugleich wird ihm verdeutlicht, daß Gebet und Meditation einer Entscheidung und einer Form bedürfen. Wenn der Exerzitant die ihm gemäße Form der Betrachtung und des Gebetes gefunden hat, kann er zu einem lebendigeren, gestalthafteren Vollzug finden und aus dem Vergleich verschiedener Techniken und Formen zu einer Relativierung der eigenen Methode gelangen. Für die Betrachtungen sowohl der Welt und des eigenen Lebens als auch des Lebens Jesu lernt der Exerzitant darüber hinaus die Bedeutung der »Anwendung der Sinne«. Er soll in der Betrachtung

dazu gelangen, die Situationen der Welt, seines Lebens und des Lebens Jesu nicht nur intellektuell zu erfassen, sondern in ihrer Fülle und geistlichen Dimension existentiell zu erleben und zu verarbeiten, d. h. »verkosten«. Denn die geistliche Weisheit und Tiefe der Exerzitien resultiert nicht aus dem Vielwissen, sondern aus dem »Verkosten der Dinge von innen her« (EB 2).
Der Exerzitiengeber ist nicht der Oberlehrer der Exerzitanten, sondern er soll sich zurückhalten, um »unmittelbar den Schöpfer mit dem Geschöpf wirken zu lassen«. Denn es ist »innerhalb solcher geistlicher Übungen beim Suchen des göttlichen Willens angemessener und besser, daß der Schöpfer und Herr selber sich seiner frommen Seele mitteilt, indem er sie zu seiner Liebe und seinem Lobpreis entflammt und sie zu dem Weg bereit macht, auf dem sie ihm künftig besser dienen kann« (EB 15). Starke Anweisungen in eine bestimmte Richtung oder insistierendes Ausforschen der Gedanken des Exerzitanten stören nur den Prozeß der Exerzitien. Der »Meister« ist Gott selber in Christus. Jeder Exerzitant wird die Qualität seines Begleiters daran erkennen, ob er ihm im regelmäßigen Dialog eine Art Gegenkontrolle und Hilfe zur Wahrnehmung dessen anbietet, was im Exerzitienprozeß vorgeht.
Noch eines wurde schon angedeutet: Die Exerzitien haben eine gemeinschaftliche, ja kirchliche Funktion. Sie dienen nicht nur der privaten Erbauung der frommen Seele, sondern dem Aufbau des Reiches Gottes, der neuen Schöpfung (vgl. Gal 6, 14). Der persönliche Glaubensvollzug ist deswegen nicht rein privater Natur, sondern führt zum Glauben der Kirche. Das Persönliche und das Kirchliche des Glaubens waren für Ignatius (und sind für Jesuiten) keine einander behindernde, sondern bereichernde Größen. Deswegen wenden sich die Exerzitien auch nicht nur an geist-

liche Spezialisten oder an Kleriker, sondern an alle Gläubigen, die ihr geistliches Leben ordnen und vertiefen wollen.
Ignatius war selber Laie, als er die Exerzitien zum ersten Mal anderen gab. Allein das zeigt schon, daß die Exerzitien auch keine spezifisch priesterliche Spiritualität vermitteln wollen. So richten sie sich an Laien und Kleriker, an Männer und Frauen, an Ältere und Jüngere. Weder diejenigen, die die Geistlichen Übungen machen, noch diejenigen, die sie geben, sind auf eine bestimmte Gruppe innerhalb der Kirche festgelegt.

2. Gott in allen Dingen finden

Im Jahre 1551, schon als erster General der neugegründeten Gesellschaft Jesu, beantwortete Ignatius von Loyola den Brief eines Ordensstudenten aus Portugal, der wissen wollte, welche Form des Gebetes dem jesuitischen Beruf am angemessensten sei: »Sie sollen sich darin üben, Gottes Gegenwart in allen Dingen zu suchen, z. B. im Verkehr, im Gehen, Sehen, Schmekken, Hören, Denken, überhaupt in allem, was sie tun. Ist ja doch Gottes Majestät in allen Dingen, durch seine Gegenwart, dem Wirken und dem Wesen nach. Diese Art zu betrachten, bei der man Gott in allem findet, ist leichter, als wenn wir uns zu geistlichen Stoffen mehr abstrakter Art erheben wollen.« An die Scholastiker von Coimbra, die während des Studiums mehr Zeit zum Gebet haben wollten, schrieb er, auch wenn ihnen das Studium wenig Zeit zum Gebet lasse, so könnten sie dadurch, daß sie alles nur für den Dienst Gottes täten, aus allem ein Gebet machen.
Diese für Ignatius so typischen Formulierungen dokumentieren die Art der gläubigen Weltsicht des Ordens-

gründers. Es geht überhaupt nicht um eine intellektuelle Erkenntnis, sondern um eine existentielle Ausrichtung auf das Ziel der geschaffenen Welt und der Lebensgeschichte eines jeden Menschen. Erst in dieser Hingabe an den Willen Gottes, im demütigen Gebet und aufrichtigen Bemühen, lernt der Mensch den Eigenwert aller geschaffenen Dinge schätzen. Ignatius hatte eine weite, universale Sichtweise und betonte zugleich die Immanenz Gottes, entsprechend dem Satz, der 1640 zum 100jährigen Jubiläum des Jesuitenordens in der »Imago primi saeculi« formuliert wurde: »Nicht begrenzt werden vom Größten, und doch im Kleinsten enthalten zu sein – das ist wahrhaft göttlich.« Diese Sichtweise befreit den gläubigen Menschen von der doppelten Gefahr jedes menschlichen Lebens: der Vergötzung oder der Dämonisierung der geschaffenen Wirklichkeit. Alle geschöpflichen Fähigkeiten, Gaben und Kräfte des Menschen werden in das ignatianische Gebet hineingenommen; es ist ein Dienst, der alle Kräfte fordert. So unterliegen die einer Selbsttäuschung, die meinen, ohne treue, tägliche Pflege des ausdrücklichen, inneren und äußeren Gebetes könne die Verfügbarkeit gegenüber dem Gott, der in allen Dingen wirkt, erlangt werden.

Ignatius warnt immer wieder davor, die Welt mit Gott zu verwechseln und sich im Geschaffenen zu verlieren. So schreibt er an die Scholastiker von Alcalá: »Wir müssen immer Sorge tragen, unser Herz in hoher Lauterkeit der Liebe Gottes zu bewahren, so daß wir kein geschaffenes Ding lieben außer in ihm, daß wir nur danach verlangen, den inneren Kontakt mit Gott zu behüten, mit dem Nächsten aber verkehren aus Liebe zu Gott.« Die Unterscheidung zwischen den geschaffenen Dingen und Gott bedeutet nicht, daß der Nächste für das Verhältnis zu Gott instrumentalisiert werden darf, sondern daß der Nächste (der, weil er der

Nächste ist, gerade auch mein Feind sein kann) unter der grundsätzlichen Rücksicht, ein Geschöpf Gottes zu sein, gesehen wird.
Gott finden in allen Dingen – das bedeutet bei Ignatius auch ein programmatisches Ideal, das zur Festigung des apostolischen Charakters des Jesuitenordens notwendig war und bleibt. Gerade im Kampf gegen die Einführung der langen Gebetszeiten, die fromme Mitbürger immer von ihm forderten, betonte er unermüdlich, daß eine lebendige Beziehung zu Gott nicht nur im ausdrücklichen Gebet gepflegt werden könne: »Es wäre gut, wenn er darauf schaute, daß Gott sich nicht nur dann des Menschen bedient, wenn er betet. Denn wenn es so wäre, wären alle Gebete zu kurz, die weniger als 24 Stunden dauerten. Denn der Mensch muß sich, so vollständig er kann, Gott hingeben.« Das Apostolat ist selbst ein geistlicher Vollzug. Ohne die programmatische Voraussetzung, daß Gott sich in allen Dingen finden lasse, wäre weder die universale Ausrichtung des jesuitischen Apostolates noch dessen feinfühliges Achten auf die kulturelle und menschliche Situation der neuen Welten zu verstehen, in die die ersten Gefährten des Ignatius ausgesandt wurden.
Wichtig ist aber, daß das Finden Gottes in allen Dingen bei Ignatius immer von Gott ausgeht. Er ist es, der sich finden läßt. So wird jeder Anschein einer selbsterlösenden Methodik vermieden.

3. In der Aktion kontemplativ

Diese jesuitische Maxime, die von Jeronimo Nadal (1507–1580) stammt, schließt sich eng an das Vorhergehende an und bringt in knapper Form zum Ausdruck, daß das kontemplative (= betrachtende) Element und das aktiv-apostolische in der jesuitischen

Spiritualität eine Synthese eingehen. Das Apostolat, das beim Jesuiten stark durch Reisen und Tätigkeiten an wechselnden Orten und in wechselnden Aufgabengebieten geprägt ist, soll von der Einheit mit Gott her erfüllt und so zum geistlichen Dienst am Menschen und an der Schöpfung werden, der von Liebe erfüllt ist. Die Kurzformel beleuchtet die Weltbezogenheit des jesuitischen Apostolates von der Seite des Handelnden her. Er soll sich stets daran erinnern, in der Vielfalt seiner Arbeiten und Ablenkungen die Gottesverbundenheit zu wahren. Das apostolische Werk des Ignatius ist nicht der Kontemplation untergeordnet und sozusagen das Produkt, das sich aus der Kontemplation ergibt. Es ist vielmehr Hilfe für den Nächsten und also Gottesdienst. Das Ordensziel der Jesuiten ist nicht in erster Linie die eigene Vollkommenheit und Selbstheiligung durch Kontemplation und Meditation, sondern Dienst an der Schöpfung für den Schöpfer.
Die spezifische Gefahr dieser Sicht ist die Betriebsamkeit und Hektik. Deswegen ist der regelmäßige Rückzug in die Stille und Einsamkeit des Gebets unerläßlich, um in der Aktion kontemplativ sein zu können. Jeder Jesuit muß im Laufe seines Lebens diesen ihm gemäßen Rhythmus der Kontemplationszeiten finden.
Erhellend und tröstlich zugleich ist, was Ignatius in einem Brief aus dem Jahr 1552 einem Pater schreibt, der von Verwaltungsgeschäften stark beansprucht wird: »Die Verwaltung zeitlicher Angelegenheiten mag zwar einigermaßen eine zerstreuende Beschäftigung scheinen und es auch sein: allein ich zweifle nicht, daß ihre heilige Absicht und die Hinlenkung all Ihrer Arbeiten auf Gottes Ehre dieselben zu etwas Geistlichem und der göttlichen Güte höchst Wohlgefälligem macht. Denn die äußeren Geschäfte, die man für Gottes größeren Dienst auf sich nimmt, können nicht nur

der ständigen Einigung und Sammlung des Beschaulichen gleichwertig, sondern Gott noch wohlgefälliger sein, insofern sie aus einer feurigeren und stärkeren Liebe kommen.«

Hier wird deutlich, wie sehr Ignatius das Apostolat gegenüber der traditionellen Vorrangstellung der Kontemplation aufwertet. Dadurch wird der Gottes-Dienst universal – kein Lebensgebiet wird von der Dynamik dieses Dienstes ausgespart, auch und gerade dann nicht, wenn es, wie bei Verwaltungsvorgängen, sehr konkret wird. Dieses Programm fordert menschliche und räumliche Beweglichkeit, Mobilität – im Unterschied zur Stabilität der klösterlichen Lebensweise, die einen ganz anderen Aspekt der christlichen Existenz sichtbar machen will. Diese grundsätzliche Beweglichkeit ist die Lebensform des Jesuitenordens. Da kein Lebensbereich aus der Einheit des Gottesdienstes herausgenommen ist, zielt das in der Aktion kontemplativ vollzogene Apostolat sowohl den Alltag des einzelnen als auch die Menschen verschiedenster geistiger und kultureller Prägungen an. Jeronimo Nadal SJ formulierte es so: »Es gibt Sendungen, die für die ganze Welt sind – und diese ist unser Haus. Wo immer unsere apostolischen Dienste benötigt werden oder von größerem Nutzen sind, da ist unser Haus. ... Sie (die Jesuiten) wissen, daß sie nicht so viele Häuser bauen oder besitzen können, um von diesen aus den Kampf zu beginnen. Unter diesen Umständen halten sie es für ihre ruhigste und beste Bleibe, wenn sie immer unterwegs sind, dabei den ganzen Erdkreis umschreiten, nirgends eine Bleibe haben, immer fremd, immer bettelnd, ohne jede Habe, auf nichts anderes bedacht, als Jesus Christus nachzuahmen, der nichts hatte, wohin er sein Haupt legen konnte und die ganze Zeit seines Predigens auf Pilgerfahrten verbrachte.«

4. Die je größere Ehre Gottes

Diese Maxime, auf lateinisch »ad maiorem Dei gloriam«, ist ebenfalls eine Kurzformel für die geistige Herausforderung, der sich Jesuiten stellen wollen. Karl Rahner hat das Problem benannt, das dieser nur scheinbar klare Spruch in sich birgt: Wie kann der Mensch überhaupt beurteilen, was die größere Ehre Gottes ist, ohne sich damit selber auf den Standpunkt Gottes zu stellen? Karl Rahner deutet die Maxime als »Offensein für den je größeren Gott«. In dieser Deutung ist es gerade nicht der Mensch, der sich zu beurteilen anmaßt, was der Ehre Gottes dient und was nicht. Vielmehr läßt der Mensch sein Vorverständnis von der »größeren« Ehre Gottes in Frage stellen durch die »andere« Ehre Gottes. Im Geiste des Ignatius sich für den Dienst zur Ehre Gottes zu entscheiden bedeutet, auch dann offen und verfügbar für einen anderen Dienst zu sein, wenn man in dem, was man jetzt tut, durchaus auch schon einen Einsatz zur Ehre Gottes sieht.

Diese Verfügbarkeit ist der passive Aspekt des Mottos. Zur Aktivität und zur Zuversicht ermuntert das Motto in seinem vollen Wortlaut: omnia (= alles) ad maiorem Dei gloriam. Die Hoffnungskraft, die die Gründergeneration der Jesuiten prägte, ist den Menschen des 20. Jahrhunderts vielleicht nicht mehr so selbstverständlich. Um die Dynamik der Ordensgründung zu verstehen, kann man sich in die Komparative (maior gloria, magis) hineinversetzen. Sie vermitteln die Stimmung der ersten Gefährten. Dabei denkt Ignatius nie nur an den äußeren Erfolg. Man denke an die Krankenpflegerin, die täglich selbstverständlich für ältere Menschen bereit steht, ohne von ihnen ein ausdrückliches Zeichen des Dankes zu erhalten, oder an den alten Pater, der in irgendeiner Missionsstation in einem vergessenen Winkel dieser Erde, zu dem sich nie ein Journalist verirrt, ein paar Schulkindern mühsam Lesen und Schreiben beibringt. Die je größere Ehre Gottes kann auch die kleinere Ehre für den Menschen bedeuten: So schreibt der mutige Bekenner und Prediger in der NS-Zeit P. Rupert Mayer SJ in seinen Lebenserinnerungen aus dem Kloster Ettal freimütig, daß er sich im Konzentrationslager den Märtyrertod gewünscht habe und daß ihm die weit weniger ehrenhafte Schutzhaft im Kloster Ettal anzunehmen viel schwerer fiel.

5. Unterscheidung der Geister

Die Regeln zur »Unterscheidung der Geister«, die Ignatius im Exerzitienbüchlein hinterlassen hat, enthalten Hilfen im Umgang mit den »Geistern«, d. h. den eigenen, oft unbewußten Regungen, Stimmungen, Wünschen und Ängsten. Zunächst geht es darum, diese Bewegungen überhaupt wahrzunehmen und in der Reflexion auf sie die Mitteilung des Geistes Gottes in ihnen zu erkennen.
Das Kriterium für die Unterscheidung der Geister ist die Erfahrung von »Trost« und »Trostlosigkeit«. Ignatius definiert diese Schlüsselbegriffe so (EB 316): »Ich nenne es Tröstung, wenn in der Seele ... eine innere Regelung verursacht wird, durch die die Seele in ihrem Schöpfer und Herrn zu entbrennen beginnt, und wenn sie infolge dessen kein geschaffenes Ding auf dem Antlitz der Erde mehr in sich zu lieben vermag, es sei denn im Schöpfer ihrer aller ... Schließlich nenne ich Trost jeglichen Zuwachs an Hoffnung, Glaube und Liebe und jede innere Freude, die zu den himmlischen Dingen und zum eigenen Seelenheil ... hinzieht.« Und EB 317: »Ich nenne Trostlosigkeit ... Verfinsterung der Seele, Verwirrung in ihr, Hinneigung zu niedrigen und

irdischen Dingen, wobei sich die Seele ganz träge, lau, traurig findet und wie getrennt von ihrem Schöpfer und Herrn.«

Eine kluge Unterscheidung verlangt also ein gutes Gespür, eine Art geistlichen Geruchssinn, in dem man den Ursprüngen seiner Gedanken und inneren Affekte nachgeht und wie ein kluger Geldwechsler echte von falschen Münzen unterscheidet. An den eingetretenen seelischen Wirkungen kann der Unterscheidende erkennen, ob er echte Münzen erhalten hat oder dem großen Falschmünzer des Lebens, dem »bösen Feind«, aufgesessen ist. In den einzelnen Ausführungen sind die Regeln sehr differenziert; das entspricht der Tatsache, daß der Falschmünzer immer versuchen wird, seine Münze der echten so ähnlich wie möglich zu machen.

Die Übung der Geistunterscheidung hilft einerseits dazu, in der Distanz zu sich selber eingeschliffene Verhaltensweisen zu überprüfen, andererseits aber auch von der Erfahrung des Trostes her die eigenen Schattenseiten im Vertrauen auf den heilmachenden Gott anzunehmen. Sie hilft darüber hinaus, in einem persönlichen Verhältnis zum gegenwärtigen Geist Gottes den »Willen Gottes für mich« zu finden. Entsprechend der zitierten Grundregel wird der Mensch so befähigt, bewußter und reicher zu leben.

6. Geistliche Unterscheidung in Gemeinschaft

Es gibt aber nicht nur den »Willen Gottes für mich«, sondern auch den »Willen Gottes für uns«. In der gesamten Tradition des jüdischen und christlichen Gottesbildes handelt Gott nie nur gegenüber einzelnen (z. B. in den Einzelberufungen von Abraham bis Maria), sondern gegenüber einem Volk (Gal 6, 16).

Deswegen muß umgekehrt auch das Volk oder die Gruppe eine Möglichkeit haben, als Kollektiv den Willen Gottes zu suchen und zu finden.
Im Jahre 1539 berieten sich die ersten Gefährten um Ignatius gemeinsam über die Frage, ob es der Wille Gottes für sie sei, daß sie einen Orden gründen, daß sie sich durch ein Gehorsamsgelübde an einen Oberen binden sollten. Die Beratungen wurden nach den Regeln zur Unterscheidung der Geister und den Wahlregeln des Exerzitienbuches strukturiert. Diese »deliberatio primorum patrum« ist das geschichtliche Vorbild für die Unterscheidung in Gemeinschaft.
Nachdem die Tradition der gemeinschaftlichen Unterscheidung lange Zeit im Orden verlorengegangen war, wurde sie von Pedro Arrupe in einem Brief vom 25. 12. 1971 zum ersten Mal wieder ausdrücklich empfohlen, zumal durch die neuen Entwicklungen im Jesuitenorden tatsächlich viele Fragen anstanden und anstehen, die den Orden und die einzelnen Provinzen als ganze betreffen. Bis heute stößt die Realisierung der gemeinschaftlichen Unterscheidung auf manche Schwierigkeiten. Aber der Nachfolger von Arrupe, Pater Hans Kolvenbach, hat in einem ausführlichen Brief an den Orden vom 5. November 1986 nochmals eindringlich und zugleich hilfreich auf die Notwendigkeit solcher Unterscheidungsprozesse hingewiesen. Die geistliche Unterscheidung in Gemeinschaft ist ein wichtiger Bestandteil und sozusagen der Idealfall der Entscheidungsfindung in der Gesellschaft Jesu. Sie schmälert nicht die Autorität des Oberen, sondern hilft ihm bei seiner Entscheidung, während umgekehrt die Aufgabe des Oberen darin besteht, die Unterscheidung in der Gemeinschaft zu ermöglichen. Für den Prozeß der Unterscheidung gelten dann alle jene Regeln, die auch für den einzelnen bei seiner Unterscheidung gelten.

7. Die Gewissenserforschung der Jesuiten – das Examen

Ignatius beschreibt im Exerzitienbuch die Weise, wie man täglich sein Gewissen erforschen kann. Man nennt diese charakteristische Grundübung der täglichen Jesuitenspiritualität das »Examen«. Es geht darum, die Erlebnisse, Erfahrungen und Begegnungen des Tages anzuschauen und dabei Freude und Leid, Heil und Unheil, Stunde für Stunde des Tages, noch einmal zu durchleben und in der Zwiesprache des Gebets vor Gott zu stellen. Eine solche Gewissenserforschung findet in der Regel zweimal am Tag statt und dauert je eine Viertelstunde. In der Bereitschaft zu dieser täglich neuen Gewissenserforschung und Unterscheidung der Geister zeigt sich die Verfügbarkeit gegenüber dem gegenwärtigen Anruf Gottes.

Das Großartige des ignatianischen Examens besteht darin, daß es nicht mit der Selbstbeschuldigung beginnt, sondern mit dem Dank an Gott. Der Mensch, der sich erforscht, sucht und erkennt also zuerst an, daß er sich ganz und gar Gott verdankt und täglich ein neu Beschenkter ist. Ignatius weist an anderer Stelle dabei vor allem auf die Wohltaten der Schöpfung, der Erlösung und auf die eigenen Gaben hin.

Im zweiten Schritt des Examens bittet man um die Gnade, die eigenen Sünden zu erkennen und sich von ihnen loszusagen: Lasse ich Gott wirklich zum Herrn meines Lebens werden? Geht es mir vielleicht doch eher um mich selber, um meine Anerkennung, meinen Vorteil, den ich nötigenfalls auf Kosten meiner Mitmenschen durchsetzen will? Der zweite Schritt des Examens bietet die Chance, Fehlhaltungen zu erkennen und im Gebet vor Gott um die Gnade des Neubeginns zu bitten.

Im dritten Schritt wird die Lebenswirklichkeit eines Tages von morgens bis abends im einzelnen betrachtet – die Gedanken, die Gespräche, das Tun, die Arbeit. Hier kann sich der Dank noch einmal konkretisieren, aber auch die Bitte an Gott für andere Menschen und für sich selbst.

Wenn dies geschehen ist, kann aufgrund der Konkretisierungen in der eigenen Tagesbiographie im vierten und fünften Schritt die existentielle Ausrichtung auf Gott wieder neu und konkret vollzogen werden – durch das Eingeständnis der Schuld (wenn sie vorliegt), die Bitte um Vergebung und durch die Bereitschaft zum Neubeginn.

Das Examen ist die entscheidende und unterscheidende geistliche Übung des täglichen Lebens eines Jesuiten. Wenn es beharrlich durchgetragen wird durch Trost und Trostlosigkeit, wächst die geistliche Persönlichkeit. Dabei geht es nicht darum, Spontaneität und Ungezwungenheit zu unterdrücken, sondern im bewußten Durchleben des Tages die Distanz zu gewinnen, die erforderlich ist, um sich in der Unterscheidung der Geister wieder neu auf Gott auszurichten. Hierfür ist es gerade nicht nötig, sich in einen Zustand der Dauerreflexion zu versetzen. Ignatius setzt für das Examen deswegen bewußt nur eine Viertelstunde an. Aus dieser Zeit des Gebetes und der Gewissenserforschung haben jedoch viele Menschen eine Bereicherung und Belebung ihrer christlichen Grundentscheidung sowie Ruhe und Gelassenheit gewonnen.

8. Fühlen mit der Kirche

Die Regeln zum »Fühlen mit der Kirche« (sentire cum ecclesia) des Exerzitienbuches umschreiben eine Haltung der Identifikation mit der institutionell strukturierten Glaubensgemeinschaft, die aus dem Glauben an die Menschwerdung Gottes erwächst. Diese Haltung kann nicht bis in die konkreten Einzelheiten festgelegt werden – es geht vor allem um ein Gespür (sentire). Die Glaubensgemeinschaft ist auf die Bewahrung ihres Fundamentes angewiesen. Ignatius stellt in den »Regeln zum Fühlen mit der Kirche« beispielhafte Verhaltensweisen auf, die den erfahrenen Seelsorger und Menschenkenner in ihm zeigen. Sie sind von der Einsicht geprägt, daß der Glaube auf Gemeinschaft angelegt ist und daß umgekehrt Gott den Glauben nicht zuerst im einzelnen wirkt, sondern in der Gemeinschaft, im »Volk Gottes«. Demgemäß sagt schon die erste Regel, daß die persönliche Sichtweise der einzelnen Gläubigen dann zurückgestellt werden muß, wenn der Grundkonsens gefährdet wird: »Jegliches eigenmächtige Urteilen zurücksetzend, müssen wir den Geist bereit und willig halten, um in allem der wahren Braut Christi unseres Herrn zu gehorchen, die unsere heilige hierarchische Mutter Kirche ist« (EB 352). Ignatius spricht hier keineswegs allein die Ebene des Intellekts bei den Adressaten an. Die Verwendung der Brautsymbolik, die aus der Bibel und der Mystik stammt, verdeutlicht das. Das Fühlen mit der Kirche ist Ausdruck der Liebe zur Kirche. Ignatius verdeutlicht durch seinen Sprachgebrauch, daß der Jesuit zu dieser Kirche dazugehört und sich daher nicht wie ein Außenstehender ihr gegenüber verhalten kann.

Das Fühlen mit der Kirche erschöpft sich jedoch nicht in einem emotionalen Vorgang. Es muß von einer Überzeugung getragen sein. Ignatius möchte, daß sich die Jesuiten auch intellektuell mit der kirchlichen Lehre identifizieren. Ausdrücklich sagt die 9. Regel: »Loben wir endlich alle Vorschriften der Kirche, stets geistig bereit, Gründe zu ihrer Verteidigung zu finden, keineswegs aber zu ihrer Bekämpfung.« Im Konflikt-

fall hat die Kompetenz des kirchlichen Lehramtes Vorrang vor der subjektiven Überzeugung des einzelnen Jesuiten. Das zeitgenössische Lebensgefühl sperrt sich (auch unter Jesuiten) gegen eine solche Regel. Es bezieht ja sein Selbstbewußtsein aus seiner Mündigkeit. Gedeiht hier nicht die Unterwerfungsmentalität des blinden Kadavergehorsams? Verlangt hier Ignatius nicht die geistige Selbstbeschränkung seines Ordens, das berüchtigte sacrificium intellectus, die ominöse Schere im Kopf? Die Kirche ist ja schließlich nicht nur eine Gemeinschaft, in der Glaubenskonsens dazu führt, daß einer dem anderen in seiner Glaubensfindung und -vertiefung hilft, sondern auch in einer Struktur geordnet, die ihr Strafgewalt über ihre Mitglieder verleiht sowie die Möglichkeit, Zwang auszuüben.
Mit den Regeln über das Fühlen mit der Kirche hat Ignatius seinen Orden der Kirche ausgeliefert, und der Orden hat die Konsequenzen übernommen. Die Kirche hat den Orden in Dienst genommen, und erst dadurch hat der Orden sein geschichtliches Gewicht erhalten. Die Kirche hat dem Orden aber auch Konflikte nicht erspart, die bis zu seiner Auflösung von 1773–1814 führten, und in jüngster Zeit (1983) zu einem im Gehorsam angenommenen gravierenden Eingriff des Papstes in die Struktur des Ordens (vgl. Kap. III).
Dennoch beschreibt Ignatius in dieser Regel einen durchaus wohlüberdachten Gehorsam. Er fordert auf, Argumente für die kirchliche Lehrposition zu suchen und geistig offen zu sein, d. h. sich mit den Gegenpositionen zu beschäftigen. Ein Zeugnis für die von den Jesuiten geforderte Beweglichkeit und Bereitschaft zum Dialog ist die paradoxe und oft mißverstandene Regel 13. »Was meinen Augen weiß erscheint, halte ich für schwarz, wenn die hierarchische Kirche es so

bestimmt, weil wir glauben, daß in Christus unserem Herrn, und in der Kirche, seiner Braut, derselbe Geist wohnt, der uns zum Heil unserer Seele leitet und lenkt.« Das erneut verwendete Brautmotiv zeigt wieder die Glaubensdimension, in der hier gesprochen wird. Es ist hundertfach belegt, wie gut Ignatius die Schwächen der kirchlichen Hierarchie seiner Zeit kannte – gerade die erheblichen sittlichen Mißstände in der Hierarchie waren ja einer der Anlässe der Reformation. Dennoch stellt Ignatius hier in aller Schärfe fest, daß die Kirche eben nicht nur ein soziologisches Gebilde ist, sondern mit den Augen des Glaubens gesehen werden muß. Für Ignatius ist gerade die sichtbare Kirche etwas Göttliches. Gott »ereignet« sich nicht nur im Unsichtbaren, sonst wäre er nie wirklich Mensch geworden. Das 2. Vatikanische Konzil formuliert dasselbe Prinzip in fachtheologischer Sprache: »Deshalb ist sie (die Kirche) in einer nicht unbedeutenden Analogie dem Mysterium des fleischgewordenen Wortes (Jesus) ähnlich. Wie nämlich die angenommene Natur dem göttlichen Wort als lebendiges, ihm unlöslich geeintes Heilsorgan dient, so dient auf eine ganz ähnliche Weise das gesellschaftliche Gefüge der Kirche dem Geist Christi, der es belebt, zum Wachstum seines Leibes« (LG 8). Die Jesuiten sollen nach dem Willen ihres Gründers nicht dem Auswahlprinzip innerhalb des kirchlichen Glaubens verfallen und deswegen immer bereit sein, sich gerade in die Position hineinzudenken, die ihnen Schwierigkeiten bereitet, um nicht nur das nach außen hin zu verantworten, was mit der eigenen Überzeugung plausibel übereinstimmt.

9. Glaube und Gerechtigkeit

Aufgefordert durch das 2. Vatikanische Konzil, ermutigt durch den Auftrag von Papst Paul VI., sich mit dem zeitgenössischen Atheismus auseinanderzusetzen, und angeregt durch die kirchlichen Entwicklungen vor allem in Lateinamerika gelang es dem Orden 1974/75 auf der 32. Generalkongregation, seine Sendung neu zu formulieren: »Der Auftrag der Gesellschaft Jesu besteht im Dienst am Glauben, zu dem der Einsatz für die Gerechtigkeit notwendig dazugehört ...«[1]

Die Formulierung dieser dem Geist des Evangeliums entsprechenden Sendung (vgl. etwa Lk 10, 30–34) war für den Orden mit einer Erneuerung seiner eigenen Positionen in den Problemen der Welt verbunden: »Denn wir haben teil an der Blindheit und Ungerechtigkeit ... Auch wir haben es nötig, evangelisiert zu werden und Christus, der in der Kraft seines Geistes handelt, zu begegnen. Zugleich sind wir in diese Welt gesandt. Ihre Not und Sehnsucht sind ein Ruf nach dem Evangelium, das wir zu verkünden haben.«[2]

Mit dieser Formulierung seiner Sendung versucht der Jesuitenorden auf die bedrückenden Daten des millionenfachen Elends, der Ausbeutung, der Marginalisierung von Gruppen und Völkern, der ungerechten Güterverteilung im nationalen wie internationalen Maßstab zu reagieren. Die Situation ist nicht schicksalhaft vorgegeben, sondern hat ihre Wurzel in den verschiedensten Formen von Ungerechtigkeit, die es zu entdecken und zu verändern gilt. Die Ungerechtigkeit hat politische und personale Ursachen, weswegen das Apostolat im Sinne des 4. Dekretes der 32. General-

[1] Dekret 4, Unsere Sendung, Nr. 2.
[2] Dekret 4, Nr. 23.

kongregation eine politische Dimension hat und eine »Bekehrung der Herzen« bei Trägern und Adressaten der Sendung voraussetzt.
Der Orden will mit seinem Einsatz für die Gerechtigkeit keineswegs auf die ausdrückliche Verkündigung des Glaubens verzichten. Vielmehr bemüht er sich in allen seinen Formulierungen und Umsetzungen, den unauflöslichen Zusammenhang beider zu betonen: »Der Einsatz für die Gerechtigkeit ist die Voraussetzung für die Fruchtbarkeit unserer apostolischen Aufgaben, insbesondere im Kampf gegen den Atheismus. Der Kult des Geldes, des Fortschritts, des Prestiges, der Macht bringt die Sünde der institutionalisierten Ungerechtkeit hervor ... Während viele entschlossen eine Welt ohne Gott aufbauen, müssen wir zeigen, daß die christliche Hoffnung nicht Opium ist, sondern zu einem festen und realistischen Einsatz für eine bessere Welt treibt, eine Welt, die Zeichen und Anfang ›der neuen Erde und des neuen Himmels‹ ist.«[3]
1983 hat die 33. Generalkongregation diese neue Formulierung des jesuitischen Apostolates ausdrücklich bestätigt. Sie ist der Schlüssel zum Verständnis der jüngeren Ordensgeschichte.

10. Option für die Armen

Dieser Begriff, der aus wichtigen päpstlichen Lehrschreiben und kirchlichen Dokumenten der Zeit nach dem 2. Vatikanischen Konzil stammt, beschreibt eine »Grundsatzentscheidung« (optio praeferentialis) des Evangeliums und der Kirche, die von den Jesuiten für ihr Apostolat übernommen wurde. 1983 formulierte die 33. Generalkongregation: »Diese Grundsatzent-

[3] Dekret 4, Nr. 29–30.

scheidung bedeutet den Willen, die Armen bevorzugt zu lieben, weil die Heilung der ganzen Menschheitsfamilie noch aussteht. Eine solche Liebe schließt – wie die Liebe Christi – niemanden aus; wie sich auch niemand den Forderungen dieser Liebe entziehen darf. Unsere Grundsatzentscheidung muß in irgendeiner konkreten Weise, direkt oder indirekt, zum Ausdruck kommen, im Leben jedes einzelnen Jesuiten wie auch in der Auswahl und Ausrichtung unserer Arbeit (Nr. 48).« Die Option für die Armen hat für die Jesuiten naheliegende Fundamente in den Exerzitien. Dort gehört die apostolische wie die leidende Armut Jesu zuinnerst in das Leben Jesu selber hinein, welches der Exerzitant unter Aufwendung aller seiner Sinne betrachtet, um von ihm in die Nachfolge gerufen zu werden. Jesus ruft in den Exerzitien: »Mein Wille ist, die ganze Welt und alle Feinde zu erobern und so in die Herrlichkeit meines Vaters einzugehen. Deshalb muß, wer mit mir kommen will, sich mit mir mühen, damit er, indem er mir in der Qual folgt, mir auch in der Herrlichkeit folge« (EB 95).

Die Zuwendung zu den Armen ist für den Jesuiten wie für alle Christen nie nur eine Sache der Moral (obwohl sie sich auch schon von daher zur Genüge nahelegt), sondern eine Frage der Begegnung mit Christus. Denn die Zuwendung Gottes zu den Menschen in Jesus ist in dem Sinne durchaus parteilich, daß Jesus sich vorzugsweise in der Gestalt der armen, ausgestoßenen, leidenden und geopferten Menschen offenbart (vgl. Mt 25, 31–46). Deswegen ist die Option für die Armen genauso eine spirituelle wie eine politische Grundentscheidung.

III. Die Geschichte des Ordens

1. Ignatius von Loyola: Leben und geistliches Werk

Die Jugend des Ignatius

Iñigo López de Oñaz y Loyola wurde im Jahre 1491 als letztes von elf Kindern einer alteingesessenen Adelsfamilie auf dem Landschloß Loyola bei Azpeitia (San Sebastián) im Baskenland geboren. Er wurde auf den Namen des Eneco von Oña, eines im Baskenland verehrten Benediktinerabtes, getauft. Seine Mutter starb bereits kurz nach seiner Geburt, und Magdalena von Araoz, die Frau seines ältesten Bruders, übernahm seine Erziehung.

Da die Familie nicht sehr vermögend war, mußte Iñigo frühzeitig das Elternhaus verlassen und sein eigenes Auskommen suchen. Als Page am Hof des Großschatzmeisters des Königs erhielt er eine standesgemäße Erziehung und lernte zugleich die Annehmlichkeiten des höfischen Lebens kennen. Er fand Gefallen am Fechten, Tanzen und Reiten und genoß seine amourösen Abenteuer; mehrfach stand er wegen Schlägereien und Ehrenhändeln vor Gericht. Sein Wunsch nach einer raschen soldatischen Karriere schien sich zu erfüllen, als er 1517 Offizier am Hofe des Vizekönigs von Navarra wurde. Seine erste große Bewährungsprobe kam, als 1521 die Truppen Franz I. von Frankreich ins Königreich Navarra einmarschierten und Pamplona belagerten. Der Feuerkopf Iñigo überredete den Hauptmann der Zitadelle, der französischen Übermacht Widerstand zu leisten, obwohl die

Stadt den Belagerern bereits die Tore geöffnet hatte. Am Pfingstmontag 1521 wurde Ignatius im feindlichen Artilleriefeuer schwer verwundet: Eine Kanonenkugel zerschmetterte ihm das rechte Bein unterhalb des Knies und verletzte auch das linke. Selbstbeherrscht ertrug Ignatius die notwendigen komplizierten Operationen: Die Knochen seines verletzten Beines wuchsen nicht richtig zusammen, und wildes Fleisch wucherte.

Zuvor hatte der Verwundete aber noch eine Geste der Ritterlichkeit erlebt: Die Sieger hatten ihn aus Respekt vor seiner persönlichen Tapferkeit in einer Ehreneskorte ins väterliche Schloß transportiert. Auf dem Krankenlager mußte der ehrgeizige Soldat aber bald erkennen, daß trotz aller barbarischen Heilprozeduren die angestrebte Karriere als Soldat beendet war. Zwischenzeitlich war der Gesundheitszustand des Ignatius so schlecht gewesen, daß man ihm bereits die Sterbesakramente gereicht hatte. Mit dem Fieber wich dann zwar die akute Lebensgefahr von ihm, aber sein bisheriges Lebenskonzept war von Grund auf erschüttert. Dann und wann träumte er noch davon, Heldentaten im Dienste eines Fürsten oder für die Dame seines Herzens zu vollbringen. Bald jedoch holte ihn die Realität wieder ein, so daß er in Zerstreuung und Unterhaltung seine Zuflucht nehmen wollte. Die damals modernen und von ihm geschätzten Ritterromane waren aber leider auf dem Schloß nicht aufzutreiben; es gab nur fromme Lektüre. So las er zunächst aus Langeweile, später mit wachsendem Interesse das »Leben Christi« des Kartäusers Ludolf von Sachsen und ein Buch mit Heiligenlegenden des Dominikaners Jacobus von Voragine. Die Heiligen, besonders Franziskus und Dominikus, begannen ihn zu faszinieren, und er dachte daran, wie es wäre, wenn er ihre aszetischen Heldentaten nachahmen könnte. Er träumte

davon, barfuß nach Jerusalem zu pilgern und sich nur noch von Kräutern zu ernähren – und genoß die anhaltende innere Zufriedenheit und Freude, die er bei diesem Gedanken empfand.
Ignatius beginnt, hellhörig zu werden und seine Gedanken und Gefühle zu reflektieren. Er hält fest, was ihn froh und zufrieden, und was ihn unruhig und unausgeglichen stimmt. Dabei macht er eine Entdekkung, die für ihn zum Schlüsselerlebnis wird: Die Lektüre der Heiligenbücher hinterläßt bei ihm dauerhaft eine frohe, zufriedene Stimmung, während die Gedanken an die frühere soldatische und galante Vergangenheit ihm immer nur kurzfristig Freude verschaffen, ihn auf Dauer aber unzufrieden und traurig stimmen. Seine Entdeckung ist also eine doppelte: Auf der einen Seite hat sie einen inhaltlichen Aspekt (Heiligen- statt Ritterleben), auf der anderen Seite den formalen, psychologischen Aspekt der eigenen Empfindungen und ihrer differenzierten Dynamik. Diese Erfahrung auf dem Krankenlager führte zu den Grundideen des später verfaßten Exerzitienbuches. Ignatius nennt hier die Reflexion auf das Phänomen, daß bestimmte Regungen im Menschen Gefühle von Trost oder Trostlosigkeit auslösen, »Unterscheidung der Geister«. Durch die Entdeckung der seelischen Bewegungen in seinem Innern öffnet sich Ignatius schließlich für neue Lebenswerte und erkennt die Oberflächlichkeit seines bisherigen Lebens immer klarer. Ihm wird immer deutlicher bewußt, wie sehr er eine von Grund auf neue Sinnorientierung braucht.

Die erste Phase der Neuorientierung: Manresa

Ende Februar 1522 verläßt Ignatius das elterliche Schloß, gerade einigermaßen zu Kräften gekommen. Zunächst begibt er sich zum baskischen Marienwall-

fahrtsort Aránzazu, wo er ein privates Keuschheitsgelübde ablegt. Von dort zieht er weiter zum Benediktinerkloster Nuestra Señora de Montserrat nordwestlich von Barcelona. Hier bereitet er sich drei Tage intensiv auf eine Generalbeichte vor, die er schließlich ablegt, wobei er zusätzlich eine Nacht lang Wache vor dem Gnadenbild der Muttergottes hält. Danach zieht sich Ignatius nach Manresa unweit vom Montserrat zurück, wo er fast ein Jahr lang lebt, zeitweilig wie ein Einsiedler, und sich zunächst strengen Bußübungen unterzieht. Er fastet, geht barfuß, durchwacht die Nächte im Gebet, geißelt sich mehrmals am Tage. Das auffällige Verhalten des religiösen Extremisten weckt das Interesse der Menschen seiner Umgebung.
Trotz oder wegen seiner asketischen Anstrengungen leidet Ignatius unter wachsenden Stimmungsschwankungen, die ihn bis an den Rand des Selbstmords treiben. Er macht unerwartete, aber auch ambivalente visionäre Erfahrungen. Um seine wachsenden Schuldgefühle zu bewältigen, beichtet er häufig und empfindet doch keine seelische Erleichterung.
In Manresa mußte Ignatius erfahren, daß er zwar seine alte Identität hinter sich gelassen hat, aber noch einen weiten Weg gehen muß, um zu einer neuen, menschlichen und spirituellen Einheit zu finden. Gerade in seinen großen asketischen Anstrengungen kreist er immer noch selbstbezogen um sein eigenes Heil.
Ein zweites einschneidendes Erlebnis löst die Wandlung des Ignatius vom introvertierten Asketen zum Apostel aus, der offen ist für seinen Mitmenschen und dessen geistliche wie menschliche Not. Mystische Erfahrungen am Ufer des Flusses Cardoner lassen ihn erkennen, es sei besser, Gott im Dienst am Mitmenschen zu suchen als in freiwilligen Leiden und Bußübungen. Sein späteres spirituelles Ideal, »Gott in allen Dingen suchen und finden«, geht wohl auf die Cardo-

nererfahrung zurück. Ignatius' Wende zum Apostolat zeigt sich darin, daß er nun seine schon früher geplante Pilgerfahrt ins Heilige Land antritt. Er will dort leben, wo auch Christus gelebt hat, um unter den Ungläubigen missionarisch zu wirken. Zu seiner großen Enttäuschung wird er aber von der kirchlichen Obrigkeit in Jerusalem ausgewiesen. Sie befürchtet wegen seines Missionsplanes zu Recht Schwierigkeiten mit den türkischen Behörden.

Ignatius kehrt nach Spanien zurück und entschließt sich, ein ordentliches Studium zu beginnen, um sein Ziel, »den Seelen zu helfen«, besser verwirklichen zu können. Er paukt in Barcelona Latein und beschäftigt sich anschließend in Alcalá und Salamanca mit der Philosophie. Erstmals versucht er, Gleichgesinnte um sich zu sammeln und mit ihnen geistliche Gespräche zu führen. Der neue Gefährtenkreis erregt bald die Aufmerksamkeit der kirchlichen Behörden, da Ignatius und seine Mitstreiter ohne kirchliche Erlaubnis Katechismusunterricht geben, Regeln über Gewissenserforschung und Sünden aufstellen und eine Kleidung tragen, die der Klerikerkleidung ähnlich ist. 1527 wird ihnen durch das Urteil eines kirchlichen Gerichts in Alcalá verboten, ein einheitlich graues Gewand zu tragen; auch Unterricht in Glaubensfragen sollen sie für die nächsten drei Jahre nicht geben dürfen.

Die zweite Phase: Theologiestudium in Paris

Ignatius zieht die Konsequenzen aus dem Spruch des Inquisitionsgerichts und wandert für das Theologiestudium nach Paris, der damaligen Hochburg der Wissenschaft. Dort studiert er von 1528 bis 1535 und erwirbt den Magistergrad. Den Lebensunterhalt muß er sich größtenteils durch Bettelreisen erwerben, die ihn aus Paris heraus einmal sogar bis nach England führen.

In Paris gelingt es ihm nun auch nach einigen vergeblichen Versuchen erstmals, einen festen, dauerhaften Freundeskreis um sich zu versammeln, mit dem er seine Spiritualität teilen und seine Ideen verwirklichen kann. Es bildet sich der Kern der späteren Gesellschaft Jesu heraus. Am 15. August 1534, am Fest Mariä Himmelfahrt, legen sieben Studenten der Pariser Universität, darunter Ignatius, in der Dionysiuskapelle auf dem Montmartre, damals noch außerhalb der Stadt gelegen, die privaten Gelübde der Armut und Keuschheit ab und versprechen, innerhalb eines Jahres eine Pilgerfahrt ins Heilige Land zu unternehmen. Sollte der Plan scheitern, so wollen sie nach Rom reisen und sich dem Papst als Gruppe zur Verfügung stellen. An eine Ordensgründung denken sie zu diesem Zeitpunkt noch nicht.

Die Überfahrt erweist sich wegen der politischen Lage als unmöglich, und nach vielem Hin und Her reisen die sieben Gefährten, inzwischen auch zu Priestern geweiht (der Savoyarde Peter Faber, die Spanier Franz Xaver, Diego Laínez, Alfonso Salmerón, Nicolás Bobadilla, der Portugiese Simon Rodrigues und Ignatius selbst), nach Rom.

Kurz vor Rom, 1537, im Kirchlein von La Storta, hat Ignatius eine Vision, die er als gnadenhafte Bestätigung des Vorhabens der Gruppe deutet. Er sieht, wie Gottvater ihn dem kreuztragenden Christus beigesellt und hört dabei die Worte: »Ich werde euch in Rom gnädig sein.« Ignatius verspürt einen solchen »Trost« und eine solche »Umwandlung in der Seele«, wie er es später im »Pilgerbericht« ausdrückt, daß er, der sonst so vorsichtig mit der Behandlung und Beurteilung von visionären Erlebnissen geworden ist, nicht an der Echtheit dieser Gotteserfahrung zweifelt.

Paul III. nimmt das Angebot der Pariser Studenten an und weist ihnen verschiedene Seelsorgeaufgaben zu.

Schon bald erwirbt sich die Gruppe durch ihr selbstloses Engagement in Predigt, Beichte und Katechismusunterricht, durch ihre sittliche Integrität und ihren einfachen Lebensstil Achtung und Vertrauen unter der Bevölkerung.

Der Freundeskreis wird zum Orden

Aber bald ist der Zusammenhalt der Gruppe einer ernsten Belastung ausgesetzt. Der Papst will einige der Gefährten 1539 nach Siena senden. Nach langer, heftiger Diskussion über die Frage, ob die Gruppe sich auflösen oder ob sie zusammenbleiben und einen Orden gründen solle, entscheidet sie sich für die zweite Alternative und legt dem Papst ein Grundsatzprogramm vor. Es gibt erhebliche Widerstände in einflußreichen kirchlichen Kreisen gegen diesen Entwurf der Ordensstatuten. Die einen haben grundsätzliche Bedenken gegen jede Ordensneugründung und möchten sich ganz auf die Reform der bestehenden Orden beschränken. Andere betrachten die neuartige, konsequent apostolische Struktur und Zielsetzung des Ordens mit Skepsis, vor allem wegen der Abschaffung spezifischer Merkmale der traditionellen Orden wie das gemeinsame Chorgebet, das einheitliche Ordensgewand und der Vorrang der Kontemplation vor dem Apostolat.
Trotz der Widerstände bestätigt Paul III. am 27. 9. 1540 in der Bulle »Regimini Militantis Ecclesiae« die Grundkonzeption des neuen Ordens. Ignatius wird 1541 zum ersten Generaloberen gewählt. Von diesem Zeitpunkt an entfaltet er seine Aktivitäten sowohl weltweit als auch vor Ort, in Rom. So leitet er einige Maßnahmen gegen die akute soziale Not in Rom ein. Er gründet Häuser für ehemalige Prostituierte und gefährdete Jugendliche, für Waisen und Arme. Als

Generaloberer lenkt er das immer weiter ausgreifende Apostolat des Ordens. In Juan de Polanco findet er dabei einen tüchtigen, sorgfältigen und selbständig arbeitenden Sekretär und Verwaltungsfachmann. So kann Ignatius trotz der immer quälenderen Gallenkoliken ein immenses Arbeitspensum bewältigen, wobei er sich nicht nur durch umsichtige Organisation und Planung, sondern auch durch kluge Menschenführung auszeichnet. Mehr als 7 000 Briefe sind von ihm erhalten, oft mehrfach minutiös bearbeitet und verbessert. Seine Hauptarbeit aber besteht in diesen Jahren darin, die »Konstitutionen«, die Regel seines Ordens, abzufassen.

Am 31. Juli 1556 stirbt Ignatius, mitten in der Arbeit, ohne einen Nachfolger ernannt oder sonstige letztwillige Verfügungen für den Orden getroffen zu haben. Der Ordensgründer ist persönlich immer mehr hinter seinem Werk in den Hintergrund getreten und hat durch seinen unermüdlichen Einsatz einen lebensfähigen, weltweit aktiven Orden geschaffen.

Ignatius ist es gelungen, in seiner Person die Spannung zwischen Aszese und Weltbejahung, innerlichem Gebet und aktivem, öffentlichem Engagement auszuhalten und fruchtbar werden zu lassen. Bei aller Weite der Ideen hatte er einen Blick für die mühevollen Details der Durchführung. Er erwartete von den Ordensmitgliedern Gehorsam und ließ dabei Raum für Eigeninitiative und eigenes Urteil. Er gab den verschiedenen Talenten und Temperamenten im Orden Gelegenheit zur Entfaltung und befähigte sie zum besseren Dienst an den Menschen. Seinem Orden hat er eine große Vielfalt von apostolischen Einsatzfeldern eröffnet und ihm mit den Exerzitien das wichtigste Instrument für das Apostolat hinterlassen.

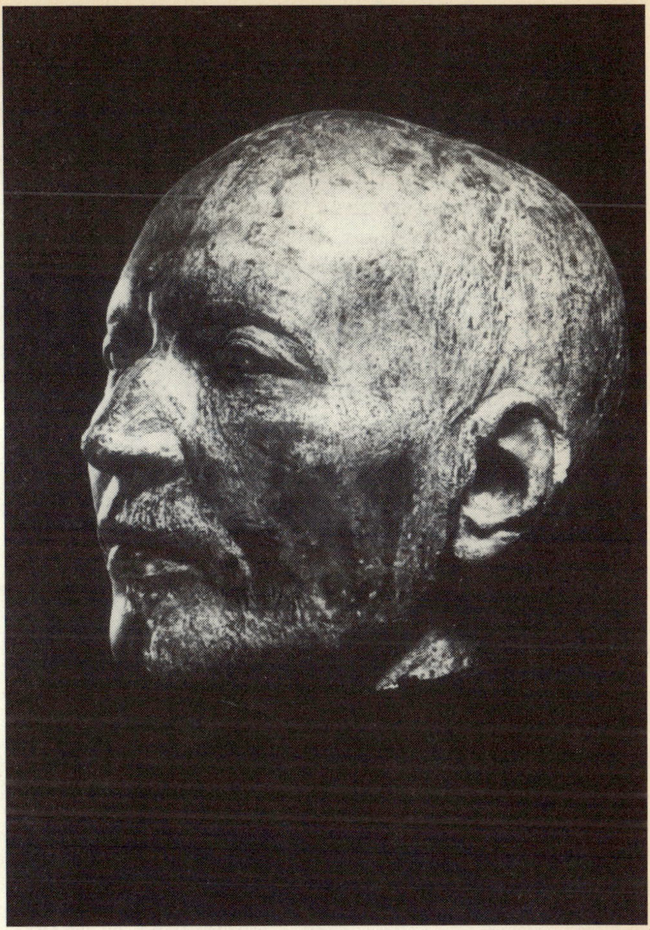

Ignatius von Loyola. Totenmaske.

2. Die Geschichte der Gesellschaft Jesu bis zur Aufhebung 1773

Das erste Jahrhundert der neugegründeten Gesellschaft Jesu war durch ein stürmisches Wachstum geprägt. Besondere Bedeutung erlangte dabei das Erziehungsprogramm des Ordens, in dem humanistische Werte wie Menschenwürde und Recht auf Bildung mit gesamtmenschlicher Formung und religiöser Prägung eine Synthese eingingen. Die Jesuitenkollegien, die ursprünglich nur der wissenschaftlichen Ausbildung des Ordensnachwuchses dienen sollten, wurden bald in öffentlich zugängliche Schulen umgewandelt. Der zweite Generalobere der Gesellschaft Jesu, Diego Laínez, trieb die Kollegsidee besonders intensiv voran. Besondere Bedeutung erlangte das Wirken von Petrus Canisius. Er erkannte früh, daß die Kollegien in der Lage waren, ein Milieu zu schaffen, in dem sich katholischer Glaube wieder entwickeln konnte. Dies war im Zeitalter der Glaubensspaltung und der tiefen Verunsicherung im Volke bitter nötig. In den Kollegien konnte nicht nur durch solide Unterrichtsarbeit das Glaubenswissen angeeignet und vertieft werden, sondern durch die Jugendarbeit der »Marianischen Kongregationen« gelang den Jesuiten eine intensive religiöse Prägung und kirchliche Bindung auch für die Zeit nach der Schule. In der Mitte des 17. Jahrhunderts gab es weltweit etwa 500 Jesuitenkollegien, in denen ein nicht unbeträchtlicher Teil der akademischen Elite der Kirche ausgebildet wurde. Als hervorragendes didaktisches und charakterbildendes Mittel erwies sich das Schultheater.

Ebenso bemühten sich die Jesuiten in dem zerrissenen Europa um die Erneuerung der Volksfrömmigkeit. Sie förderten das Liedgut in der Landessprache und die volkstümliche Dichtung. Im 16. Jahrhundert brachte die Gesellschaft manchen hervorragenden Seelsorger hervor, von denen hier nur wegen seiner herausragenden Stellung Friedrich Spee von Langenfeld SJ genannt werden soll, der Dichter und Anwalt der Frauen, die vornehmlich im deutschen Raum Opfer des Hexenwahns wurden.

Friedrich Spee von Langenfeld SJ (1591–1635), bekannt als einer der ersten Vorkämpfer gegen die Hexenprozesse und den Hexenwahn (s. o.), wird als Dichter und Mystiker weniger beachtet. Der Ausschnitt aus dem »traurigen Gespräch, so Christus an dem Kreuz führet«, dem Gedichtband »Trutznachtigall« entnommen, ist eine großartige Zusammenschau des Gekreuzigten und Menschgewordenen in der Tradition der ignatianischen Betrachtung.

JESUS spricht zum Vater

Heli, Lama Sabactani,
  Vater, liebster Vater mein:
Heli, Lama Sabactani,
  Schau die Marter, Not und Pein.
Schau die Scharen mich umgeben,
  saugen meine Füß und Händ,
Schau die Körnel ab deb Rebemn
  fliessen, waidlich aufgetrennt.
Schau die wilden Bären prassen,
  saufen meine Seel und Blut,
Ach wie konntest mich verlassen?
  mich berauben meiner Hut?
Vater, Vater, ach warummen
  ließest in so schweres Kreuz
deinen einzgen Erben kommen?
  Vater, Vater, was bedeuts?

Sollte dann wohl je gewesen
ein so strenger Vater sein,
der mit also scharfem Besen
seine Kinder zäumet ein?
O wie schöne Vaters Liebe!
O wie schönes Vaterstücke!
Der so werthen Sohn vertriebe,
und von ihm sich wand zurück.

Antwort des Vaters

O geliebter Sohn von Ehren,
JESU vielgeliebtes Kind,
Du mit großer Lieb umgeben
Gegen deine Menschenkind
selber tatest immer schweben,
wolltest auf die Welt geschwind.
Du mit süßer Flamm gezündet
selber wolltest auf die Welt,
meine Tempel wohl gegründet
selber hast hintangestellt.
Du mich selber hast getrieben,
ich dich sollte reisen lahn.
Ich zum oft- und oftermalen
hab es alles untersagt.
Oft ich warnet, oft ermahnet:
»Sohn, es dir wird übel gahn!«
Was doch warnet, was wermahnet,
Du mitnichten hörtest an.
Du von Liebe gar verblendet,
wolltest bei den Menschen sein;
Schau, nun eben ist vollendet,
was ich oft gewendet ein.
Du die Menschen hast geliebet
ohne Maßen viel zu viel.

Die Jesuiten wirkten auch auf dem Konzil von Trient (1545–1563) als Berater mit und hatten so Anteil an der Konsolidierung des kirchlichen Lebens im katholischen Raum. Allerdings konnte das Konzil keine Versöhnung der zerstrittenen Konfessionen erreichen. So bemühte sich der Orden, der entgegen einer breiten Auffassung nicht zum Zwecke der Gegenreformation gegründet worden war, um eine Erneuerung von Leben und Lehre in den Ländern der Reformation.
Die ganze Universalität des ignatianischen Impulses kam in der Weltmission zum Zuge. Stürmisch drängten die ersten Jesuiten und die nachwachsende Ordensjugend in die Mission, so daß der damalige Ordensgeneral Caraffa 1646 seine Mitbrüder bremsen und auffordern mußte, sich doch dem »langdauernden Martyrium« in den europäischen Ländern nicht zu entziehen; dies sei zwar in den Augen der Menschen nicht so ruhmreich wie ein blutiges Martyrium in Indien, aber »in den Augen der Engel ebenso glänzend«.
Schon Ignatius hatte unter dem Schock gestanden, der die »Neuzeit« mitbegründete und prägte: Die Entdekkung ganzer neuer Kontinente auf der Erde. Die Idee, diese Länder zu missionieren, hatte ihm schon früh vorgeschwebt. Sie war aber in den Jahren seiner geistlichen Entwicklung an der schlechten politischen Lage gescheitert. Jetzt konnte sich der Schwung des jungen Ordens in der Asienmission entfalten. Der erste große Missionar und spätere Urtyp des jesuitischen Elans war Franz Xaver, vielleicht der begabteste und kongenialste unter den ersten Gefährten des Ignatius. Sein Verhältnis zu Ignatius blieb trotz der großen räumlichen Entfernung, die ihn über Indien und Japan bis an die Küsten Chinas führte, besonders innig und herzlich. Ignatius schreibt 1552 an Franz Xaver: »Aber wir haben uns sehr gefreut in unserem Herrn, daß Sie

gesund aus Japan zurückgekommen sind und daß sich für die Verkündigung der frohen Botschaft in jenem Land ein Tor geöffnet hat ... Mit unserer Gesellschaft steht es gut – einzig durch Gottes Güte. Sie wächst in allen christlichen Ländern, und derjenige bedient sich seiner geringsten Werkzeuge, der ohne sie wie mit ihnen der Ursprung alles Guten ist.«

Die Jesuiten zeichneten sich in ihrer Missionsarbeit dadurch aus, daß sie das »Akkomodationsprinzip« als Missionsmethode anwandten. Dies bedeutete, daß die jeweilige kulturelle Situation und die einheimische Mentalität berücksichtigt und als Eigenwert geachtet werden sollten. Mission sollte nicht Europäisierung sein. Um nach diesem Prinzip verfahren zu können, mußten die Missionare selbst erst die Kulturen der Missionsländer kennenlernen, um beurteilen zu können, was mit der christlichen Botschaft vereinbar sein könnte und was nicht. Durch dieses behutsame Vorgehen überwanden die Missionare die Überlegenheitsmentalität der christlichen Eroberer und wurden fähig, das kulturelle und geistige Erbe fremder Völker weitgehend zu respektieren.

Eine solche »Inkulturation« des Evangeliums gelang in der Indien- und Chinamission dank der herausragenden Leistungen der Patres de Nobili († 1656), Ricci († 1610) und Schall von Bell († 1666). Diese Missionare waren zugleich Gelehrte und traten durch ihre wissenschaftlichen Arbeiten auf dem Gebiet der Optik, Astronomie und Musik in einen lebendigen Dialog mit der einheimischen geistigen Elite. Ricci hatte seine Werke in chinesischer Sprache verfaßt und dadurch die einheimische Gelehrtenwelt verblüfft, und Schall war gar 1630 zum Astronom am Kaiserhof aufgestiegen. Er reformierte unter anderem den chinesischen Kalender.

1720 gab es rund 300 000 Katholiken in China. Nun zeigte sich aber, daß die Zeit doch noch nicht reif war für einen echten Dialog der katholischen Kirche mit nichtchristlichen Kulturen und Religionen. Binnen kurzer Zeit erlitt die blühende Chinamission durch den »Ritenstreit« einen Schlag, von dem sie sich nicht mehr erholen sollte. Auf der einen Seite dieses Konfliktes standen die Befürworter traditioneller Riten wie der Ahnen- und der Konfuziusverehrung, zu denen die Mehrzahl der Jesuitenmissionare zählten, auf der anderen Seite die Missionare der Bettelorden (Franziskaner und Dominikaner), die später ins Land gekommen waren. Die Jesuiten hatten die in ganz China übliche Verehrung der Ahnentäfelchen im Sinne der Riteninterpretation der intellektuellen Schicht als Ausdruck bürgerlicher Ehrfurchts- und Pietätsformen gegenüber den Verstorbenen gedeutet und somit nicht als religionsspezifischen Brauch beurteilt, der dem Christentum widersprochen hätte. Die Missionare der Bettelorden hatten die Riten in dem Sinne gedeutet, wie es im einfachen Volke üblich war: als religiöse Kultakte. Deswegen beurteilten sie die Riten als abergläubisch und unchristlich. Im Volk glaubte man, durch die Verehrung der Ahnentäfelchen mit Kerzen und Weihrauch die Anwesenheit der Geister der Vorfahren beschwören zu können. Die gebildete Schicht hingegen hatte sich bereits eine entmythologisierte Vorstellung gemacht und vollzog die Riten aus Respekt vor den hergebrachten kulturellen Werten und vor dem Andenken der Verstorbenen. In diesen Kreisen glaubte man nicht an eine Gegenwart der Geister der Verstorbenen.

Die Riteninterpretation der Jesuiten war mehr von der Respektierung der Traditionen chinesischer Kultur bestimmt, während die Missionare der Bettelorden ihre Predigt unter das Zeichen des Kreuzes stellten, das für sie auch einen radikalen Bruch mit der heidnischen Vergangenheit symbolisierte.

Schließlich verurteilte die Kirche offiziell die chinesischen Riten als unvereinbar mit dem christlichen Glauben. Damit löste sie auch eine Feindschaft zum chinesischen Kaiserhaus aus, die eine der Ursachen für das Scheitern der Chinamission wurde.
Ein weiterer wichtiger Grund für den Fehlschlag der christlichen Mission in China lag allerdings darin, daß einige der christlichen Hauptlehren vor allem im familiären Bereich für die chinesische Kultur sehr fremd waren. Die christlich geforderte Relativierung der Eltern- und Kindesliebe gegenüber der Gottes- und Nächstenliebe war für einen Kulturkreis schwer nachvollziehbar, der an die traditionellen Opfer für die verstorbenen Eltern und Ahnen gewöhnt war. Der Ritenstreit (besser: Akkomodationsstreit) darf daher in seiner Bedeutung für die Entwicklung der Chinamission auch nicht überschätzt werden.
Auch das zweite bemerkenswerte Experiment der Jesuiten in der Missionsgeschichte, die Einrichtung der Indianer-Reduktionen im sog. Jesuitenstaat »Paracuaria« (Paraguay), scheiterte am Widerstand von außen. Etwa ab 1610 hatten die Jesuiten den Versuch unternommen, die nomadisierenden Indianer durch Errichtung von Siedlungen seßhaft zu machen, um so eine bessere Basis für die Evangelisierung und Kultivierung zu haben. Das neue Sozialsystem, in dem die Indianer lebten, basierte auf der Naturalienwirtschaft und dem Tauschhandel, wobei die Jesuiten die Indianer zu geregelter, auch handwerklicher Arbeit zu erziehen suchten. Neben einer verbindlichen Lebensordnung legte man Wert auf die musische und künstlerische Erziehung in Prozessionen und Festen. Die Indianer konnten hier erfahren, daß sie als Menschen ernstgenommen und gefördert wurden und vom »Schicksal« nicht als Sklaven der europäischen Eroberer vorgesehen waren. Die rund 100 000 Einwohner der etwa 30 Re-

duktionen lebten hauptsächlich von der Landwirtschaft, wobei der Grund und Boden Gemeineigentum war. Im Grunde genommen war der Jesuitenstaat in Paraguay der einmalige Versuch, ein christliches »Utopia« zu bauen. Wenn dieser Versuch auch nicht so stark vom Inkulturationsgedanken geprägt war wie die Asienmission, so war er doch ein alternatives Modell zu der Selbstdarstellung des christlichen Europas in der Gestalt seiner gewalttätigen »Konquistadoren«.

Das Ende dieses beispielhaften Missions- und Entwicklungsprojekts begann mit dem Neid der umliegenden europäischen Siedler. Sie ließen sich durch Gerüchte über angebliche sagenhafte Goldvorräte in den Reduktionen zu immer häufigeren Raubüberfällen auf die Siedlungen verleiten. Bei dieser Gelegenheit wurden immer wieder Indianer verschleppt. Man brauchte sie, weil infolge der humanen Lebens- und Arbeitsbedingungen auf den Jesuitenreduktionen die umliegenden Siedlungen an Arbeitskräftemangel litten. Obwohl die Jesuiten eine Miliz zum Schutz vor den Sklavenjägern aufstellten, ließen sich die Reduktionen nicht mehr halten, als ab Mitte des 18. Jahrhunderts der Widerstand der europäischen Mächte, insbesondere Frankreichs, Spaniens und Portugals gegen den Jesuitenorden zu groß und der Orden von den meisten europäischen Regierungen verboten wurde.

Der Papst mußte schließlich dem Druck der Bourbonenhöfe nachgeben und hob 1773 den Orden auf: Es schien, daß die Gesellschaft Jesu geopfert werden mußte, um eine Aufspaltung der katholischen Kirche in Nationalkirchen zu verhindern. Das Ende für die Jesuitenmission in Paraguay war schon früher gekommen. Im Juli 1767 wurden die Jesuiten in Asunción wie Kriminelle zusammengetrieben und nach Europa verfrachtet, nachdem die Kolonialmächte vorher für genehmere Missionare statt der 140 in den Reduktionen tätigen Jesuiten gesorgt hatten.

Was waren über die machtpolitischen Gründe hinaus die tieferen Ursachen für die Unterdrückung und Aufhebung der Gesellschaft Jesu? Hatte sich der Orden zu sehr selbst als Macht in Europa etabliert? Hatte er sich dadurch an Interessen gebunden, die im Widerspruch zu seiner geistlichen Dynamik standen? Der schöpferische Elan des ersten Jahrhunderts schien verflogen, und eine gewisse geistige Starrheit und Unbeweglichkeit machte sich breit. Aus einer mobilen, einsatzbereiten Gruppe war eine mächtige Institution geworden, deren Aktivitäten höchst umstritten waren und die durch herrschaftliches Auftreten Anlaß zur Kritik gab. An mehreren Fronten, vor allem im Streit mit den Jansenisten, im chinesischen Ritenstreit und in der Auseinandersetzung mit den neuen Ideen der Aufklärung, war der Orden geistig in die Defensive geraten. Er hatte in seinen Reihen keine herausragenden, originellen Begabungen mehr, die in der Lage gewesen wären, Ideale und Werte des Bürgertums und der Aufklärung aufzugreifen und deren christliche Wurzeln freizulegen. Statt dessen beschränkte sich der Orden zu sehr auf die Verteidigung der etablierten Einrichtungen und erkannte nicht die Zeichen des geistigen und gesellschaftlichen Umbruchs. Es wirkt wie ein Eingeständnis des Niedergangs des bisher so erfolgsverwöhnten Ordens, daß der damalige Generalobere Franz Retz im Jahre 1739 zum bevorstehenden zweiten Jahrhundertjubiläum an die Provinziale schrieb, man möge in Anbetracht der schwierigen Zeitumstände jede öffentliche Feier unterlassen.

Der Orden hatte den steigenden Einfluß der bürgerlichen Schicht unterschätzt, die sich geistig zunehmend von Thron und Altar emanzipierte. Die Jesuiten mit ihren Beichtvätern an den Fürstenhöfen galten als

Stützen eines überholten Systems. Ja, die Konfessionskriege des 16. und 17. Jahrhunderts wurden in der Rückschau immer mehr als Folge der bedrohlichen Konfessionalisierung und Klerikalisierung der Politik angesehen, die durch die Reformation in blutigste Auseinandersetzungen gemündet war. Immanuel Kant formulierte 1784 das neue Ideal in programmatischer Form: »Aufklärung ist der Ausgang des Menschen aus seiner selbstverschuldeten Unmündigkeit. Unmündigkeit ist das Unvermögen, sich seines Verstandes ohne Leitung eines anderen zu bedienen. Selbstverschuldet ist diese Unmündigkeit, wenn die Ursache derselben nicht am Mangel des Verstandes, sondern der Entschließung und des Mutes liegt, sich seiner ohne Leitung eines anderen zu bedienen. Sapere aude! Habe Mut, dich deines eigenen Verstandes zu bedienen! ist also der Wahlspruch der Aufklärung«.[1] Die Unzufriedenheit des Bürgertums mit den bestehenden Verhältnissen hatte ihren Grund in den Steuerprivilegien des Adels, im Despotismus und Sittenverfall der Fürsten- und Königshöfe, im ungleichen Zugang zu den Ämtern, in Teuerung und wirtschaftlicher Ungerechtigkeit. Der Verteidigungskrieg der Kirche und auch der Jesuiten gegen Ideen der Aufklärung bestätigte nur den Vorwurf der Aufklärer, die Kirche habe ein Interesse daran, das Volk in seiner Unmündigkeit zu belassen, um desto besser den Vormund über ihre Untertanen spielen zu können.

Für Kant war klar, daß es sich hier nur um Rückzugsgefechte handeln konnte, die den Siegeszug der neuen Ideen allenfalls bremsen, aber nicht wirklich aufhalten konnten: »Eine Religion, die der Vernunft unbedenk-

[1] Aus: I. Kant, Beantwortung der Frage: Was ist Aufklärung?, Berlinische Monatsschrift, Dezember 1784.

lich den Krieg ankündigt, wird es auf die Dauer gegen sie nicht aushalten«.[2]
Die gewaltsame Aufhebung des Ordens, von den europäischen Königshäusern betrieben, vollzog sich in mehreren Etappen: 1759 wurden die Jesuiten aus Portugal, 1764 aus Frankreich, 1767 aus Spanien und Neapel und 1768 aus Parma vertrieben. Papst Clemens XIV. sah sich der Drohung des spanischen Königs gegenüber, entweder die Gesellschaft Jesu aufzuheben oder eine spanische Nationalkirche nach englischem Vorbild in Kauf nehmen zu müssen. Auch kleinere Konzessionen wie die Schließung des römischen Seminars der Jesuiten konnten die Bourbonen nicht befriedigen, so daß der Papst seine Hinhaltetaktik aufgeben mußte und schließlich 1773 das Aufhebungsdekret »Dominus ac Redemptor« erließ. Die Aufhebung des Ordens hatte zur Folge, daß alle Akten, Briefe und Rechnungslisten der Gesellschaft Jesu beschlagnahmt und der Ordensgeneral sowie seine Mitarbeiter verhaftet wurden. Die Liste der Anklagepunkte gegen den Orden war lang: Einmischung in weltliche Angelegenheiten, Duldung heidnischer Bräuche in den Missionen, ständiger Streit mit anderen Orden und dem Diözesanklerus sowie verbotenes Betreiben von Handelsgeschäften. Die katholischen europäischen Länder führten den päpstlichen Aufhebungsbeschluß nicht ungern durch, auch wegen der finanziellen Vorteile, die sich durch die Konfiskation der Besitztümer des Ordens ergaben. In Preußen blieb die Gesellschaft Jesu offiziell noch drei Jahre bestehen, da Friedrich der Große ein politisches Interesse an der Erhaltung der Jesuitenkollegien im eroberten Schlesien hatte. Angesichts dieser auf den ersten Blick paradoxen Haltung

[2] Aus: I. Kant, Vorrede zur 1. Auflage von »Die Religion innerhalb der Grenzen der bloßen Vernunft«, 1793.

konnte sich der Aufklärer d'Alembert einen Kommentar nicht verkneifen: »Es mag sonderbar sein, Sire, daß, während ihre allerchristlichsten, allerkatholischsten, allerapostolischsten und allergetreuesten Majestäten die Grenadiere des Apostolischen Stuhls vernichten, Eure allerketzerischste Majestät die einzige ist, welche dieselben aufrechterhält.« Daß der Preußenkönig sich des Widerspruches in seinem Verhalten bewußt war, geht aus dem ironischen Ton hervor, den er in einem Brief an Voltaire anklingen läßt: »Auf diese Weise verhindere ich, daß die Rasse (der Jesuiten) auf den Aussterbe-Etat kommt. Nächstens werden diese katholischen Könige bei mir anfragen, ob ich etwa noch einen Jesuiten für sie auf Lager habe. Aber dann verkaufe ich sie teuer: Einen Pater Rektor nicht unter 300 Kronen und für einen Provinzialoberen verlange ich mindestens 600 ...«

D'Alembert sollte übrigens Unrecht behalten, denn auch in Rußland wurde die Gesellschaft Jesu auf Weisung der Zarin Katharina nicht aufgehoben, wohl aus Rücksicht auf die katholische polnische Minderheit in Weißrußland. Die Jesuiten konnten hier ein eigenes Noviziat eröffnen – der spätere Ordensgeneral Roothaan erhielt hier seine Ausbildung – und 1782 einen Generalvikar des Ordens für Rußland wählen. 1801 erkannte Papst Pius VII. den Fortbestand des Ordens in Rußland im Breve »Catholicae Fidei« formell an.

Insgesamt wurden die ehemaligen Jesuiten in der Zeit der Unterdrückung des Ordens schwer getroffen, besonders durch den Staatsterror und die gewalttätigen Unruhen im Gefolge der französischen Revolution. Viele Jesuiten wurden eingekerkert, deportiert, vertrieben und umgebracht. Wer zu anderen Tätigkeiten gezwungen wurde, kam noch glimpflich davon. In Deutschland wurde dem Orden durch die Enteignung

der Universitäten und der Bibliotheken hoher Schaden zugefügt.
Trotz des Verbotes blieben die Jesuiten dem Vermächtnis ihres Gründers treu. Sie versuchten, das Apostolat weiter auszuüben, so gut es eben ging. In Preußen konnten sich die Jesuiten 1776 »Priester des königlichen Schulinstitutes« nennen und durften als formal neue Gemeinschaft mit königlicher Billigung nach denselben Ordensregeln leben und dieselbe Arbeit wie vorher leisten. In Frankreich bildete sich anstelle der Jesuiten die »Gesellschaft vom Herzen Jesu«, eine der Gesellschaft Jesu nachgebildete, geheime Kongregation, die von P. de la Clorivière ins Leben gerufen wurde.[3] In Belgien, Deutschland, Österreich und Italien wirkte die »Gesellschaft vom Glauben Jesu«. Beide Organisationen standen zu Recht im Verdacht, die Wiederherstellung der Gesellschaft Jesu vorzubereiten. In Italien wirkte Josef Pignatelli unter dem Schutz Papst Pius VI. Er bemühte sich trotz der Unterdrückung des Ordens darum, den Geist des Ignatius aufrechtzuerhalten, und schloß sich dem in Rußland fortbestehenden Orden an, ohne allerdings italienischen Boden zu verlassen.

3. Die Wiederherstellung des Ordens – Die Gesellschaft Jesu im 19. Jahrhundert

Nachdem der Einfluß der Bourbonen seit der Französischen Revolution nachgelassen hatte, wurde der Orden schrittweise wieder zugelassen, so in England 1803, in Neapel unter dem Einfluß Pignatellis 1804 und in den Vereinigten Staaten von Nordamerika 1805. Schon 1795 hatte Pignatelli im Herzogtum Parma ein

[3] Vgl. S. 70 f.

Noviziat für den Orden eröffnen können. Die feierliche universalkirchliche Wiederherstellung des Ordens erfolgte am 7. August 1814, also am Oktavtag (am 8. Tag nach dem kirchlichen Festtag) des Ignatiusfestes, durch Papst Pius VII. Die Feier fand als Geste der Reverenz vor dem Orden in der Jesuitenkirche Il Gesù statt – in Anwesenheit von 150 Jesuiten, deren Jüngster über 60 Jahre alt war. In der Wiederherstellungsbulle des Papstes kam zum Ausdruck, daß man den besonderen Dienst der Jesuiten für die Kirche wieder brauchte: »Wir würden glauben, uns der schwersten Sünde vor Gott schuldig zu machen, wenn wir in so großen Nöten die heilsamen Hilfsmittel anzuwenden versäumten, die uns die göttliche Vorsehung bietet ... und nicht wieder die erfahrenen und geübten Ruderer einsetzten, um von ihnen das sturmgeschüttelte Boot Petri steuern zu lassen ...«

Die Kirche hatte eine Zeit der Reorganisation und des Wiederaufbaus am Ende der napoleonischen Epoche bitter nötig, waren doch die Orden durch die Säkularisierungsmaßnahmen gegen Ende des 18. Jahrhunderts besonders getroffen worden. Die Wiederzulassung der Gesellschaft Jesu wirkte sich hier rasch positiv aus; besonders die Kollegienarbeit, in die die Jesuiten auf Wunsch der Bischöfe wieder eintraten, und die Volksmissionen führten zu einer systematischen Erneuerung und Verlebendigung des kirchlichen Lebens.

Die Geschichte der Gesellschaft Jesu im 19. Jahrhundert ist aber auch die Geschichte einer Kette von Leiden und Verfolgungen. Der internationale Charakter des Ordens stand dem gewachsenen Selbstbewußtsein der Nationalstaaten entgegen, seine Wiederherstellung unter dem Vorzeichen der Restauration machte ihn den liberalen und sozialistischen Kräften verdächtig. Bereits 1820 wurde die Gesellschaft aus Rußland vertrieben, 1834 erneut unter dem Einfluß freimaurerischer Kräfte aus Spanien und Portugal ausgewiesen. In Madrid zerstörte eine fanatisierte Menge am 17. 7. 1834 das Kolleg und ermordete 15 Jesuiten. In der Julirevolution 1830 plünderte der Pöbel mit dem Ruf: »Tod den Jesuiten!« das Noviziat in Paris und andere Häuser. Alle Niederlassungen des Ordens in Frankreich gingen zeitweise verloren. Während des Konklave 1830/31 stürmte die revolutionäre Menge mehrere Häuser und Kollegien der Gesellschaft Jesu in Modena und im Kirchenstaat. In den Jahren nach 1815 war die Unzufriedenheit der Bevölkerung des Kirchenstaates mit der »Priesterregierung« und der weltlichen Herrschaft des Papstes gewachsen. 1831 brach sie sich Bahn. Der Aufstand verbreitete sich rasch in der gesamten Romagna, in Umbrien und den Marken, und ergriff etwa vier Fünftel des Kirchenstaates.

Inmitten von Verfolgungen erlebte der Orden unter der tatkräftigen und umsichtigen Leitung des Holländers Jan Philip Roothaan (1829–1853) dennoch ein starkes inneres und äußeres Wachstum. Bis zum Jahre 1850 verdoppelte sich die Zahl der Jesuiten auf etwa 6 000 Mitglieder, die Zahl der Kollegien stieg trotz wachsender Verstaatlichungsmaßnahmen bis 1854 auf 110 an. Der General festigte den inneren Zusammenhalt des Ordens durch die Anpassung der Studienordnung an die gewandelten Verhältnisse und vor allem durch mehrere Rundschreiben an die ganze Gesellschaft. Er förderte die Eröffnung von Exerzitienhäusern, fertigte selbst eine lateinische Übersetzung des Exerzitienbuches an und versah sie mit Erläuterungen für die praktische Ausführung. Es entstand eine ignatianisch geprägte Exerzitienbewegung, deren spezifischer Charakter bis weit in das 20. Jahrhundert die Exerzitienseelsorge des Ordens prägte. Auf wissenschaftlichem Gebiet setzten sich die Jesuiten für eine Erneuerung und Wiederbelebung der Scholastik und

Anonyme Karikatur, Leipzig 1848. Pater Rothaan, Generaloberer der Gesellschaft Jesu 1829–1853, tritt vor den Prinz von Preußen, Metternich und Louis Philippe, die Symbolfiguren der Restauration, und bittet: »Ich sei, gewährt mir die Bitte, in eurem Bunde der vierte.«

des Thomismus ein. Die Weltmission erlebte eine neue Blütezeit. Ein Missionsschreiben General Roothaans von 1833 löste eine solche Welle der Begeisterung im Orden aus, daß daraufhin über die Hälfte aller Ordensmitglieder um die Sendung in die Missionen baten. Nach 1834 wurden neue Missionen unter anderem in Bengalen, Madeira, Argentinien, Jamaika, China, Algerien, Kanada, Kolumbien und Australien gegründet.

In Europa verschärfte sich die Lage für den Orden in den vierziger Jahren des 19. Jahrhunderts immer mehr.

In Frankreich konnte zwar die Schulfreiheit nach jahrzehntelangem Kampf durch die Lex Falloux bewahrt bleiben – ein vom früheren Unterrichtsminister ausgearbeitetes Schulverfassungsgesetz aus dem Jahre 1850, das günstige Bedingungen für die kirchlichen Schulen schuf. Aber in der Schweiz führte die Gründung des Luzerner Kollegs für die katholischen Kantone zur Katastrophe des Sonderbundskrieges. Die protestantischen Kantone setzten durch, daß alle 250 Jesuiten des Landes verwiesen wurden und ihnen wegen »Staatsgefährdung und Störung des Friedens unter den Konfessionen« durch Verfassungsartikel auch für die Zukunft jede Tätigkeit in der Schweiz untersagt wurde. Erst 125 Jahre später (1973) wurde dieser diskriminierende Artikel durch eine Volksabstimmung aufgehoben. Das schlimmste Jahr für den Orden war das Revolutionsjahr 1848, in dem über 2 000 Jesuiten zu Flüchtlingen wurden. Selbst der Ordensgeneral mußte Rom verlassen und sich zwei Jahre lang als Flüchtling durchschlagen. Sein spirituelles Fundament verdeutlicht folgender Brief: »Ich fühle darum einen großen Trost, wenn ich sehe, daß wir trotz unserer Schwäche ... ich möchte sagen unserer Nichtigkeit im Vergleich zu unseren Vätern, doch an deren schönstem Ruhme Anteil haben: an der Furcht, an dem Haß der Feinde Gottes und seiner Kirche. An Verfolgungen fehlt es nicht, und das ist ein gutes Zeichen!«[4] Schon Ignatius hatte einen spanischen Pater getröstet, der sich über Anfeindungen in Saragossa beklagt hatte: »Nach den gewöhnlichen Erfahrungen darf man schließen, daß bei großem Widerspruch sich auch viel Frucht ergibt und die Gesellschaft dadurch nur um so besser Boden gewinnt. Demnach hat es den Anschein, daß dort ein großes und ausgezeichnetes geistliches Gebäude erstehen soll,

[4] Brief an Gräfin De Maistre-Jerray, 1844.

da das Fundament der Verfolgungen so gründlich gelegt wurde ...« Wie seine engsten Mitarbeiter bezeugen, hat Ignatius wirklich um immerwährende Verfolgung für seine Gesellschaft gebetet, da diese »Ehrenzeichen des geschmähten Christus« für ihn zur echten Nachfolge Christi gehörten.

Ab 1853 führte der Belgier Beckx die Gesellschaft Jesu mehr als 30 Jahre lang mit Klugheit und Fingerspitzengefühl. Er setzte durch, daß sich die Jesuiten nicht übereilt in politische Angelegenheiten einmischten und in ihren Äußerungen auf Polemik verzichteten. Entscheidend für den steigenden innerkirchlichen Einfluß des Ordens war vor allem, daß Papst Pius IX. ihm in wachsendem Maß Vertrauen entgegenbrachte. Die Gesellschaft Jesu überzeugte ihn durch die Strenge und Solidität ihrer Ausbildung ebenso wie durch ihre entschiedene Treue und Loyalität. Gesamtkirchliche Bedeutung erlangten nun immer mehr die Universität Gregoriana in Rom und die Jesuitenzeitschriften: »Etudes« in Paris, »Stimmen aus Maria Laach« und insbesondere die »Civiltà Cattolica«.

In der Mitte des Jahrhunderts erlangte die katholische Einheit im kirchlichen Denken und Empfinden den unbedingten Vorrang vor dem Dialog mit den neuen geistigen Strömungen wie Liberalismus, Rationalismus, Positivismus und Fortschrittsglaube, Agnostizismus, Sozialismus und Kommunismus. Durch den »Syllabus« von 1864 grenzte sich der Papst vollständig von allen diesen säkularen Heilslehren, den vielen »Ismen« des 19. Jahrhunderts, ab. Die Jesuiten stellten sich in einer Weise auf die Seite des Papstes, daß sie ihre bisherige Stärke zu vernachlässigen drohten, nämlich auf die zeitgenössischen geistigen Strömungen einzugehen und ihre positiven Ideen und Ansätze zu integrieren. Durch diese rein defensive Haltung der Kirche wurden viele Intellektuelle vor den Kopf gestoßen.

Die feierliche Verkündung der »vollen und höchsten Jurisdiktionsgewalt des Papstes über die ganze Kirche« und die Dogmatisierung der Unfehlbarkeit des Papstes auf dem 1. Vatikanischen Konzil waren der Gipfel der Zumutung, die die Politik des Papstes – vom Jesuitenorden mehrheitlich gestützt – für eine Welt bedeutete, die von der Autonomie der Vernunft überzeugt war.
Folge der kirchlichen, vom Orden geförderten Abgrenzungspolitik waren erneute Schwierigkeiten für den Orden, der in Deutschland protestantisch-nationalkirchlichen Bewegungen im Wege stand. Der Kulturkampf führte schließlich 1872 durch die »Jesuitengesetze« Bismarcks zum Verbot des Ordens auf dem Gebiet des Deutschen Reichs. Alle Ordensniederlassungen mußten aufgelöst, die Studien- und Ausbildungshäuser zuerst nach England, später in die Niederlande verlegt werden. Die Vertreibung aus Deutschland eröffnete vielen Jesuiten den Weg in die Missionsgebiete.
Erst 1917 wurden die Jesuitengesetze in Deutschland endgültig aufgehoben. Der Orden konnte während des ganzen 19. Jahrhunderts angesichts der permanenten politischen Unruhen und Revolutionen nirgendwo kontinuierlich und langfristig wirken.
Bemerkenswert ist, daß der Orden in diesem von politischen Kämpfen erschütterten Jahrhundert auch einen Dichter von Rang und Namen hervorbrachte, nämlich den Engländer Gerard Manley Hopkins (1844–1889).

Gerald Manley Hopkins SJ (1844–1889), dessen Gedichte erst nach seinem Tode veröffentlicht wurden, gilt als einer der bedeutendsten Dichter des englischen Sprachraumes. Im Sonett »God's Grandeur« verbindet sich der für Hopkins typische Sprachklang und Rhythmus mit der Schöpfungsmystik, die auch in die Tradition des Jesuitenordens gehört.

The world is charged with the grandeur of God.
It will flame out like shining from shook foil;
It gathers to a greatness, like the ooze of oil
Crushed. Why do men then now not reck his rod?

Generations have trod, have trod, have trod;
And all is seared with trade; bleared, smeared with toil;
And wears man's smudge and shares man's smell: the soil
Is bare now, nor can foot feel, being shod.

And for all this, nature is never spent;
There lives the dearest freshness deep down things;
And though the last lights off the black West went
Oh, morning, at the brown brink eastward, springs –
Because the Holy Ghost over the bent
World broods with warm breast and with ah! bright wings.

Die Welt ist aufgeladen mit Gottes Herrlichkeit.
Sie wird ausflammen, wie Glitter von geschütteltem Flitter;
Sie sammelt sich zu einer Größe, wie der Seim von Öl
Gepreßt. Warum achten die Menschen jetzt nicht seiner Rute?

Generationen stampften, stampften schweren Ganges;
Und alles ist ausgedörrt mit Geschäftigkeit; besudelt, beschmiert Mühsal;
Und trägt Menschenschmutz und teilt Menschengestank: der Boden ist kahl jetzt, kein Fuß kann fühlen, der beschuht.

Und trotz alledem Natur ist nie erschöpft;
Köstlichste Frische lebt tiefinnerst in allen Dingen;
Und selbst wenn das letzte Licht wich im schwarzen Westen,
oh, der Morgen springt auf, am braunen Rand ostwärts –
Weil der Heilige Geist über der gebeugten
Welt schwebt mit warmer Brust und mit ah; lichten Schwingen.

Er war zunächst anglikanischer Theologe und in der Oxford-Bewegung aktiv gewesen, ehe er unter dem Einfluß Newmans zum Katholizismus übertrat. Er verfaßte schon als Student Sonette, die er beim Eintritt in die Gesellschaft Jesu 1868 verbrannte. Seine späteren Gedichte, die schon den Geist des 20. Jahrhunderts atmen, wurden erst 1918 von seinem Freund, dem Dichter Robert Bridges, veröffentlicht.

4. Die Entwicklung des Ordens im 20. Jahrhundert

In der ersten Hälfte des 20. Jahrhunderts erlebte die Gesellschaft Jesu ihr größtes Wachstum. Die Zahl der Ordensmitglieder stieg vor allem in den USA und Spanien und erreichte 1964 mit 36 000 ihren bisherigen Höchststand.
Der Beginn des 20. Jahrhunderts war von der Auseinandersetzung um den sogenannten Modernismus geprägt. Papst Pius X. hatte in der Enzyklika »Pascendi« neuere rationalistische Tendenzen in der Exegese und der Dogmengeschichte verworfen und einen für alle Priester verpflichtenden »Anti-Modernisten-Eid« (1910) eingeführt. Die Frage nach der Berechtigung der historisch-kritischen Methode im Umgang

mit der Bibel war nicht nur eine Spezialfrage, die einen bestimmten Zweig der Theologie interessierte. Es ging im Grunde genommen um das Verhältnis von naturwissenschaftlichem und biblischem Welt- und Geschichtsverständnis, das seit der Aufklärung immer gespannter geworden war.

Da der Papst auch einige Jesuiten des Modernismus verdächtigte, gab es zwischen dem Papst und dem damaligen Generaloberen Franz Xaver Wernz Spannungen. Wegen der offiziell geltenden Linie schien die katholische Bibelwissenschaft zum Stagnieren verurteilt zu sein, da an eine quellenkritische Arbeit nicht zu denken war. Im Jahre 1909 wurde das päpstliche Bibelinstitut »Biblicum« errichtet. Papst Pius X. beabsichtigte ursprünglich mit dieser Einrichtung wohl auch, die modernistischen Tendenzen in der Exegese wissenschaftlich zu bekämpfen. Die Gründung erwies sich aber langfristig als ein wichtiger Schritt in die andere Richtung. Denn das Bibelinstitut, dessen Leitung in den Händen der Jesuiten lag, bemühte sich später, vor allem unter Kardinal Augustin Bea SJ, darum, das katholische Defizit in der Bibelwissenschaft aufzuholen und so in einen Dialog mit der übrigen, von der historisch-kritischen Methode geprägten Forschung einzutreten.

Insgesamt begann sich die schöpferische Kraft des Ordens nach der vorwiegend durch Restauration geprägten Epoche des 19. Jahrhunderts wieder zu regen. In der Theologie, der Philosophie und den Sozialwissenschaften fand man den Mut, neue Wege zu beschreiten. Zu den bedeutenden Gestalten des 20. Jahrhunderts im Orden gehören der Philosoph Erich Przywara und die Theologen Jean Danielou, Henri de Lubac und Karl Rahner. Mit ihren Arbeiten, die das 2. Vatikanische Konzil stark beeinflußten und darüber hinaus bis in die jüngste Zeit hinein wirken, gingen sie auf einen doppelten kirchlichen Bedarf ein: Zum

einen kämpften sie um die Wiedergewinnung der großen theologischen Tradition der Scholastik (Thomas von Aquin) und der Patristik (der christlichen Theologie der ersten vier Jahrhunderte der Kirchengeschichte). Auf diese Weise brachen sie das Traditionsmonopol der herrschenden katholischen Schultheologie des 19. Jahrhunderts auf. Zum anderen knüpften sie an die zeitgenössische Philosophie mit ihren Anregungen für die Theologie an. Das intellektuelle Ghetto großer Teile der zeitgenössischen katholischen Theologie begann sich so zu öffnen. Nicht unerwähnt bleiben darf die überragende Rolle von Teilhard de Chardin SJ, der als Paläontologe, Geologe und Theologe entscheidende Impulse für die Verbindung von biblischem Schöpfungsverständnis und naturwissenschaftlicher Evolutionslehre brachte. Seine geschichtstheologische Konzeption mit offensiven, positiven Perspektiven führte den Katholizismus auch wieder als Gesprächspartner mit anderen geschichtsphilosophischen Konzeptionen (vor allem Karl Marx) ein. Alle genannten Theologen hatten zu bestimmten Zeiten in ihrem Leben Konflikte mit den kirchlichen Behörden zu bestehen, sind aber heute anerkannte Protagonisten der katholischen Theologie des 20. Jahrhunderts.
Im Bereich der Sozialwissenschaften vertieften Heinrich Pesch, Gustav Gundlach und Oswald von Nell-Breuning die Ansätze der katholischen Soziallehre und übten einen wichtigen Einfluß auf das politische Leben aus. Mit der Soziallehre gelang es der katholischen Kirche, auf die soziale Frage der industriellen Revolution des 19. Jahrhunderts konzeptionell zu reagieren und zwar wiederum mit einer ethischen und rationalen, also dialogfähigen Option.
Auch im 20. Jahrhundert mußte der Orden schwerste Verfolgungen hinnehmen, so in Spanien, unter der nationalsozialistischen Gewaltherrschaft und in den

Umschlagzeichnung der Kampfschrift »Das Geheimnis der Jesuitenmacht und ihr Ende« von Erich und Mathilde Ludendorff, Erstauflage 1929, hier die Auflage von 1937. Diese Schrift des ehemaligen Feldmarschalls und seiner Frau gehört in die antikatholische Hetze der Nationalsozialisten.

kommunistischen Staaten. Im »Dritten Reich« waren 96 Jesuiten aus verschiedenen Ländern, meist polnische Jesuiten, im KZ Dachau interniert. Das KZ hatte einen eigenen Priesterblock, in dem sich über 1 000 Priester befanden. Ein Teil der internierten Jesuiten überlebte den Haß und die Grausamkeiten der Hitlerschergen nicht. In ganz Deutschland wurden die Jesuiten für wehrunwürdig erklärt und aus der Wehrmacht ausgestoßen. Viele Jesuiten dienten dennoch weiter in der Wehrmacht, weil sie unerkannt blieben. So erlitt der Orden trotz der Ächtung durch den nationalsozialistischen Staat auch an der Front hohe Verluste.

Ordensmitglieder wie Augustin Rösch (1893–1961), Provinzial der süddeutschen Jesuiten, und Alfred Delp unterhielten Kontakte zum Kreisauer Kreis und konnten sich weit über die kirchlichen Kreise hinaus im Widerstand gegen das Hitlerregime engagieren. Der Publizist Friedrich Muckermann, einer der entschiedensten Gegner des Nationalsozialismus, emigrierte 1934 in die Niederlande, wo er von 1934–1940 die Exilzeitschrift »Der Deutsche Weg« herausgab. Rösch bemühte sich um eine einheitliche kirchliche Linie des Widerstands und wurde über 100mal mit Protesten und Eingaben bei der Gestapo vorstellig. Moltke bezeichnet ihn als den »stärksten Mann des Katholizismus in Deutschland«.

Ein Mann des kompromißlosen Widerstandes gegen Hitler war der Großstadtseelsorger Rupert Mayer, der in mutigen Predigten gegen die Entkonfessionalisierungspolitik des nationalsozialistischen Staates durch die Einführung der nationalsozialistischen Gemeinschaftsschule protestierte. Er wurde von der Gestapo mehrfach mit Predigtverbot belegt, machte aber auf eigenes Risiko weiter. In seinen Ettaler Erinnerungen schildert er seine Beweggründe: »Durch den Herrn Justizrat Warmuth ließ mir die Gestapo mitteilen, daß mir Predigten und Vorträge verboten seien. Ich machte sofort den P. Provinzial (Rösch) darauf aufmerksam, daß dies das katholische Volk nicht verstehen werde, sondern an mir irre werden müßte. Die Leute würden sich sagen, er macht es eben wie die anderen. Wenn es ernst wird, wenn man ihm droht und mit dem Polizeistock winkt, dann hört auch er auf mit der Verkündigung des Evangeliums. Wie die Apostelgeschichte erzählt, hätten es die Apostel ehedem anders

gemacht.« Rösch gelang es, Rupert Mayer nach seiner späteren Einlieferung ins KZ Sachsenhausen vor dem drohenden Hungertod zu schützen. Nach Verhandlungen mit der SS wurde die KZ-Haft des wegen Kanzelmißbrauchs und Verstoß gegen das »Heimtückegesetz« verurteilten P. Mayer in eine Internierung im bayrischen Benediktinerkloster Ettal umgewandelt.
Alfred Delp wurde nach dem Attentat vom 20. Juli 1944 wegen seiner Verbindung zum Kreisauer Kreis zum Tode verurteilt. Er gibt in seinem Tagebuch ein echtes Zeugnis christlicher und verantwortlicher, auch patriotischer Gesinnung, das auch heute noch richtungsweisend ist: »Mein Verbrechen ist, daß ich an Deutschland glaubte, auch über eine mögliche Nacht- und Notstunde hinaus. Daß ich an jene simple und anmaßende Dreieinigkeit des Stolzes und der Gewalt nicht glaubte und daß ich dies tat als katholischer Christ und als Jesuit: das sind die Werte, für die ich hier stehe, am äußersten Rand, und daß ich auf den warten muß, der mich hinunterstößt: Deutschland über das Heute hinaus als immer neu sich gestaltende Wirklichkeit – Christentum und Kirche als die geheime Sehnsucht und die stärkende und heilende Kraft dieses Landes und Volkes – der Orden als die Heimat geprägter Männer, die man haßt, weil man sie nicht versteht und nicht kennt in ihrer freien Gebundenheit oder weil man sie fürchtet als Vorwurf und Frage in der eigenen anmaßenden pathetischen Unfreiheit.«
In der Nachkriegszeit sind die Anstöße, die vom 2. Vatikanischen Konzil für das kirchliche Leben ausgingen, ohne die Mitarbeit einiger Jesuiten kaum vorstellbar. Außer den schon genannten ist hier Augustin Bea zu nennen[5], der der ökumenischen Bewegung in der katholischen Kirche zu neuem Aufschwung verhalf

[5] Siehe auch oben S. 127.

und sich auch bei Nichtkatholiken hohes Ansehen erwarb.
Auf dem Gebiet der Spiritualität wirkte Peter Lippert als Schriftsteller und durch Radiopredigten. Der tief innerliche geistliche Führer Wilhelm Eberschweiler wird bis auf den heutigen Tag von vielen Gläubigen verehrt. In der »liturgischen Bewegung«, die in die Liturgiereform des 2. Vatikanischen Konzils hineinmündete, spielte der Innsbrucker Jesuit Josef A. Jungmann durch seine historischen Arbeiten eine überragende Rolle.
Die Entwicklungen nach dem 2. Vatikanischen Konzil gehören nicht mehr zur Geschichtsschreibung, da sie noch zu sehr Teil der Gegenwart sind. Vielleicht lassen sich aber folgende Tendenzen feststellen:
a) Wie die Kirche, so verlagert auch der Orden seinen Schwerpunkt aus Europa hinaus in die großen Kontinente Lateinamerika, Asien und – mit Abstrichen – Afrika.[6]
b) Durch die damit verbundene Blickwende haben die Kirche und der Orden ein neues Gespür für die Probleme der internationalen Ordnung gewonnen (Stichwort »Glaube und Gerechtigkeit«). Durch die verschiedenen Richtungen der »Befreiungstheologie« sind die jungen Kirchen der »fernen« Kontinente unter eifrigem Mittun der Jesuiten selber zu Subjekten der katholischen Theologie geworden.
c) In Europa kam es nach und im Zusammenhang mit dem 2. Vatikanischen Konzil, das trotz der sich andeutenden Verlagerung immer noch vorwiegend europäisch-nordamerikanisch geprägt war, zu einer umfassenden Krise der kirchlichen Institutionen und des christlichen Selbstverständnisses. Nach einer Phase der »Heimholung« der Aufklärung wird die Frage nach

[6] Siehe Kap. VI, S. 167 ff.

der christlichen Identität und der Bewertung des Kulturdruckes der Säkularisierung neu gestellt.
Das II. Vaticanum bemühte sich unter dem Stichwort »Aggiornamento« um eine geistige Öffnung der Kirche für die Probleme und Fragen der modernen Gesellschaft. Nun aber steht die Kirche in Europa in steigendem Maße auch vor der Frage, wie sie Alternativen zur gesellschaftlichen Wirklichkeit entwickeln und dem Anpassungsdruck widerstehen soll.

d) Nachdem der Marxismus in Europa (nach dem letzten Aufbäumen in den 60er Jahren) an Anziehungskraft verloren zu haben scheint, ist das Christentum vielleicht zur einzigen geistigen Kraft geworden, die die Hoffnung für die Welt mit der Hoffnung für die Geschichte verbindet (Eschatologie). Erlösungstechniken aus dem esoterischen Umfeld (New Age) sind, weil sie Symptome einer Flucht vor der menschlichen Verantwortung für die Geschichte aufweisen, Zeichen einer wachsenden Hilflosigkeit und Resignation gegenüber den großen Problemen der Menschheit. Sie konfrontieren die Kirche mit einer neuen Religiosität, die in das alte Schema vom »Kampf gegen den Atheismus« nicht ohne weiteres hineinpaßt, die aber dem Christentum nicht minder Material zur Unterscheidung vorlegt.

e) Insgesamt scheint der Orden nach den großen, umwälzenden und begeisternden Impulsen des bedeutenden Ordensgenerals Pedro Arrupe nun in eine Phase der neuen Unterscheidung einzutreten, in der er vor Entscheidungen steht, die im 2. Vatikanischen Konzil noch gar nicht zur Debatte oder doch nicht im Zentrum standen: Liturgie und Inkulturation; die Stellung der Frau in der Kirche; das Ende der Aufklärung; das Vorandrängen der jungen Kirchen, deren Geschichte ja auch eng mit dem Jesuitenorden zusammenhängt.

5. Ignatius und die Gesellschaft Jesu im Urteil der Geschichte

Die Urteile über Ignatius und den Jesuitenorden weichen je nach dem politischen und geistigen Standort des Betrachters stark voneinander ab. Man findet von naiver Bewunderung über respektvolle aber skeptische Distanz bis hin zu offener Ablehnung und Verständnislosigkeit alle Möglichkeiten, die das Meinungsspektrum bietet. Manche Stellungnahmen machen deutlich, daß der Betrachter Gefangener seiner eigenen Klischeevorstellungen und Denkschemata geblieben ist. Andere kommentieren treffsicher die Schwachstellen in der Geschichte der Gesellschaft Jesu, oft gerade dort, wo sie das ignatianische Selbstverständnis, den »Geist des Ursprungs«, an der späteren historischen Realität des Ordens messen.
Im innerkirchlichen Bereich stieß der Orden bereits früh auf Distanz, ja Ablehnung. Schon 1553 rechnete der Dominikaner Pedroche in einem Brief an den Erzbischof von Toledo Ignatius zu den Alumbrados (Alumbrados, Erleuchtete, meint in seiner negativen

Karikatur »Die betrangte Stadt Augsburg«, 1632. »Wann der günstige Leser wissen will, was diese zwey ungeheure Thier bedeuten, so kann er das 13. Kap. der Offenbarung Johannis fleissig besehen: darin durch das siebenköpfige Thier die beschaffenheit des Papsts zu Rom und seiner Mönchen und Pfaffen abgebildet; durch das ander Thier aber in sonderheit die in diesem saeculo erst entsprungene Sekt und Gesellschaft bezeichnet worden, welche sich von dem Namen des Lambs (Jesu) benennet, und alle Macht des ersten Thieres tut, das ist, sich richtet nach der Weise des Antichrists und demselben die Wunden heilet, verstehe durch allerley Griff das Papsthumb so viel möglich bestärket, wie auch große streich von Zeichen und Wundern fürgibt, als ob sie das Feuer vom Himmel bringen und Berg versetzen könnten, gestallt man in den Lügenden von den Wunderzeichen Loyolae, Francisci Xaverii und anderer der Länge nach liest.«

Bedeutung im 16. Jahrhundert »Schwärmer«, religiöse »Fanatiker«) und stufte ihn damit unter die religiösen Sektierer und Subjektivisten ein:

»Dieser Ignatius oder Iñigo von Loyola wurde, wie bekannt, von der Inquisition als notorischer Häretiker ermittelt. Als einer der Dejados oder Alumbrados floh dieser Iñigo oder Ignatius nach Rom, um der Inquisition zu entkommen ... Ebenso ist zu bedenken, daß der genannte Ignatius diese Exerzitien mehr aus der inneren Erfahrung seines Herzens und aus der inneren Salbung des Heiligen Geistes schöpfte als aus den Büchern. Dies schmeckt, und zwar nicht wenig, nach der Quelle der Dejados und Alumbrados. Diese setzen hintan die Offenbarung der Bücher und stützen sich auf das, was ihnen der Heilige Geist im Innern des Herzens sagt, und halten es für eine unfehlbare Sache, was immer ihnen der Geist Gottes zuspricht.«[7]

Demgegenüber mutet das Urteil des Dichters Novalis aus dem Fragment »Die Christenheit oder Europa« von 1799 fast überschwenglich und schwärmerisch an:

»Zum Glück für die alte Verfassung (der Kirche) tat sich jetzt ein neu entstandener Orden auf, auf welchen der sterbende Geist der Hierarchie seine letzten Gaben ausgegossen zu haben schien, der mit neuer Kraft das Alte zurüstete und mit wunderbarer Einsicht und Beharrlichkeit, klüger als je zuvor geschehen, sich des päpstlichen Reiches und seiner mächtigen Regeneration annahm. Noch war keine solche Gesellschaft in der Weltgeschichte anzutreffen gewesen. Mit größerer Sicherheit des Erfolgs hatte selbst der römische Senat nicht Pläne zur Welteroberung entworfen. Mit größerem Verstand war an die Ausführung einer größeren Idee noch nicht gedacht worden. Ewig wird diese

[7] Aus: Polanco, Chronicon Societatis Jesu III, Madrid 1895, 504–505.

Gesellschaft das Muster aller Gesellschaften sein, die eine organische Sehnsucht nach unendlicher Verbreitung und Dauer fühlen.«[8]

Bekannte Klischees, in welche die Persönlichkeit des Ignatius hineingepreßt wurde, sind die des Antigermanen oder des christlichen Atheisten. Das Urteil des Kulturphilosophen H. S. Chamberlain verrät den Rassenideologen:

»Der Kampf gegen das Germanische hat sich in einem der außerordentlichsten Männer der Geschichte gewissermaßen verkörpert; hier wie anderwärts hat eine einzige große Persönlichkeit durch ihr Beispiel und durch die Summe von Lebenskraft, die sich in die Welt setzte, mehr vermocht als alle vielköpfigen Konzilien und alle feierlichen Beschlüsse großer Körperschaften ... Die ausnehmende Wichtigkeit Loyolas liegt in seiner hervorragenden Charaktergröße; in einem solchen Manne erblicken wir darum das Ungermanische und das notwendigerweise Antigermanische klar und groß ... Ich sagte »Charaktergröße«, denn in der Tat, andere Größe ist hier ausgeschlossen: wir bemerken bei Loyola weder philosophische noch künstlerische Gedanken und ebensowenig eigentliche Erfindungskraft ... Aus seiner organisatorischen und agitatorischen Tätigkeit spricht feinste Schlauheit und genaueste Kenntnis mittlerer Menschencharaktere (sehr bedeutende oder originelle Leute schloß er prinzipiell aus dem Orden aus), doch nirgends Tiefe ... Mit Ignatius von Loyola stelle ich also vor den Leser den Typus des Antigermanen hin.«[9]

Eine Überbetonung der organisatorischen Fähigkeiten des Ignatius zeigt auch das Urteil des Publizisten Lud-

[8] Aus: Novalis, Werke, hg. von Gerhard Schulz, München 1969, 506.

[9] Aus: H. S. Chamberlain, Die Grundlagen des 19. Jahrhunderts II, München 1899, 521, 526, 527.

wig Marcuse, der den weltbezogenen Charakter des neuen Ordens und die Sprengkraft der apostolischen Ordensidee pointiert hervorheben will:

»Erbaulich war dieser Mann nicht: schon für viele der Seinen nicht. Doch er hat gute Kräfte entfesselt, die sich immer noch nicht ausgewirkt haben.

Die Kosmologie, in deren Bau Loyola lebte, trennt ihn von allen Menschen, über deren Erde sich nicht mehr der christliche Himmel wölbt.

Doch viel entscheidender als seine Zwiesprache mit dem Heiligen Geist war sein Entschluß, nichts Gott zu überlassen ... So setzte sich ein christlicher Atheismus durch. Loyola lockerte das Band zwischen Himmel und Erde. Er bezeugte dem Himmel noch alle traditionellen Ehren – und nahm die Lenkung der Menschheit schon selbst kräftig in die Hand. Er revolutionierte das Christentum weniger laut und gründlicher als Luther.

Doch dem General bleibt das Verdienst, die Energien, welche das Christentum entfesselt hat, einem irdischen Ideal dienstbar gemacht zu haben. Loyola hat den alten Menschheitstraum von einem würdigen und gerechten Leben, der sich zwischen Platon und Marx kaum sehr verändert hat, aus einem Inhalt des Gebets zu einem Kampfziel gemacht. Er ... ist der Totengräber jener konservierenden Erlösungsreligion geworden, für die der Messias bereits erschienen ist ...«[10]

Trotz der Fülle der Literatur, die über Ignatius und die Gesellschaft Jesu erschienen ist, ist seine mystische Begabung, wie sie z. B. in seinem »Geistlichen Tagebuch« bezeugt ist, in der Regel nicht sehr bekannt. Die Beurteilung des bekannten religiösen Schriftstellers Walter Nigg hebt diese Seite der Persönlichkeit

[10] Aus: L. Marcuse, Ignatius von Loyola. Ein Soldat der Kirche, Hamburg, 319–320.

des Ignatius hervor und bildet eine Ergänzung zu den bisherigen Stimmen:
»Gott legte seine Hand auf diesen ehrgeizigen Spanier. Aus der visionären Verbundenheit mit der überirdischen Welt hat er sein Werk geschaffen. Die Kraft, den mühsamen Weg zu gehen, der ihm in seinem Leben beschieden war, schöpfte er aus seinen Gesichten. Sie sind der Quellgrund seiner Einsichten ...
Sein Gebetsleben, den göttlichen Willen in jeder Situation des Lebens zu erfahren, ist eine grandiose Mystik des Weges ... Ein erregenderes Ringen läßt sich nicht denken. In einem ruhelosen Fragen nach dem Willen Gottes ist dieser Mensch zu belauschen, will man sein Herz erkennen. Hier liegt das innere Mysterium des geheimnisvollen Basken.
Die Mystik des Weges ist keine intellektuelle Angelegenheit ... Sie führt den Menschen zur Mitte allen Gotteslebens hin. Um der religiösen Leidenschaftlichkeit willen, mit der Ignatius diese Aufgabe erfaßte, gehört er zu den Großen der christlichen Geistesgeschichte. Dem Urteil ist zuzustimmen: ›Der ungeheure Ernst und die Wucht seiner Persönlichkeit lassen bei Ignatius oft übersehen, wie nahe er dem Franz von Assisi steht.‹ (F. Heer, Das Experiment Europas, 1952, S. 60) Mit seiner Mystik des Weges hat Ignatius eines seiner letzten Worte ausgesprochen, und verbunden mit der Unterscheidung der Geister bildet es das nie veraltende Pensum, das jeder Christ auf dieser Welt zu lernen hat ...«[11]
Das Urteil Niggs über die Bedeutung der Gesellschaft Jesu fällt folgendermaßen aus:
»Was er nach jahrelangem Ringen ganz unzweideutig als den Auftrag Gottes empfand, war die Bildung eines

[11] Aus: W. Nigg, Vom Geheimnis der Mönche, Zürich/Stuttgart 1953, 378 f.

›Fähnlein Jesu‹, worunter er eine bewegliche, stets und überall einsatzbereite Truppe verstand ... Wie einst Dominikus, hat Ignatius mit unbestechlichem Blick die schwere Krankheit seiner Zeit gesehen, welche dem Christentum in völliger Gleichgültigkeit gegenüberstand, und es durch eine neuheidnische Geistigkeit überfluten ließ ... Als das überbordende Freiheitsverlangen der Renaissance zu einer Auflösung der christlichen Lebenshaltung überhaupt führte, hat Ignatius in einer neuen Bindung die Rettung des Abendlandes gesehen. Den zersetzenden Bestrebungen konnte nur durch eine neue Form Einhalt geboten werden. Ignatius gehört zu den Gestaltern der Christenheit und nicht zu den sie unterminierenden Revolutionären.
Er eroberte mit seinem ›Fähnlein Christi‹ die nach allen Seiten entfliehenden Formkräfte zurück und vollbrachte dieses bedeutende Werk durch einige wenige Gedanken, die er mit eiserner Energie bis zum Ende durchführte.«[12]
Einen naheliegenden Vergleich unternimmt der Historiker Leopold von Ranke, indem er Ignatius und den deutschen Reformator Martin Luther gegenüberstellt: »Luther gelangte zu der Lehre von der Versöhnung durch Christum ohne alle Werke; von diesem Punkte aus verstand er erst die Schrift, auf die er sich gewaltig stützte. Von Loyola finden wir nicht, daß er in der Schrift geforscht, daß der Glaubenssatz auf ihn Eindruck gemacht habe. Da er nur in inneren Regungen lebte, in Gedanken, die in ihm selbst entsprangen, so glaubte er die Eingebung bald des guten, bald des bösen Geistes zu erfahren. Endlich ward er sich ihres Unterschiedes bewußt. Er fand denselben darin, daß sich die Seele von jenen erfreut und getröstet, von diesen ermüdet und geängstigt fühle. Eines Tages war

[12] Ebd., 392.

es ihm, als erwache er aus dem Traume. Er glaubte mit Händen zu greifen, daß alle seine Peinen Anfechtungen des Satans seien. Er entschloß sich von Stund an, über sein ganzes vergangenes Leben abzuschließen, diese Wunden nicht weiter aufzureißen, sie niemals wieder zu berühren ... Luther wollte keine Eingebung, keine Gesichte, er hielt sie alle ohne Unterschied für verwerflich; er wollte nur das einfache, geschriebene, unzweifelhafte Gotteswort. Loyola dagegen lebte ganz in Vorstellungen und inneren Anschauungen. Am meisten vom Christentum schien ihm eine Alte zu verstehen, welche ihm in seinen Qualen gesagt, Christus müsse ihm noch erscheinen ... Plötzlich überleuchtete ihn in mystischen Symbolen das Geheimnis der Schöpfung ... Er ging an das Ufer des Llobregat nach einer entfernten Kirche. Indem er sich niedersetzte und seine Augen auf den tiefen Strom heftete, den er vor sich hatte, fühlte er sich plötzlich vom anschauenden Verständnis der Geheimnisse des Glaubens entzückt: er meinte, als ein anderer Mensch aufzustehen. Für ihn bedurfte es dann keines Zeugnisses, keiner Schrift weiter. Auch wenn es solche nicht gegeben hätte, würde er doch unbedenklich für den Glauben, den er bisher geglaubt, den er sah, in den Tod gegangen sein.«[13]

Auf katholischer Seite finden wir ein scharfes, kritisches Urteil bei dem Dichter Leon Bloy, dem Vater des »renouveau catholique«, der um die letzte Jahrhundertwende lebte. Er kritisiert die ignatianische Innerlichkeit der »Unterscheidung der Geister« vor allem wegen ihrer tatsächlichen Verwandtschaft mit Methoden der Psychoanalyse:

»Welch Herrschergeist und welch raffiniertes psychologisches Fingerspitzengefühl beim Jesuitenorden!

[13] Aus: L. von Ranke, Die römischen Päpste in den letzten vier Jahrhunderten, München/Leipzig [12]1923, Bd. 1, 98 f.

Sicherlich sind es nicht die Armen, denen die Mitglieder dieses Ordens ihre Hände entgegenstrecken! Mir will scheinen, als entsprächen die Exerzitien des hl. Ignatius in einem betimmten Sinne der Methode Descartes'. Anstatt sich in Gott zu versenken, versenkt man sich in sich selber.« (Tagebuch, 1. 9. 95)
»Analyse! Wissen Sie auch, daß diese nur eine der vielen Verkleidungen des Teufels ist? Gott möge mich davor bewahren, daß ich unehrbietig von einem Manne rede, welchen die Kirche heiliggesprochen hat und den ich selbst überzeugtermaßen für einen ganz großen Heiligen halte! Dennoch steht es außer Frage, daß die Jesuiten mit den *Exerzitien* des hl. Ignatius einen maßlosen Mißbrauch getrieben haben. Die *Exerzitien* stellen zweifellos eine Methode dar, welche für gewisse Seelen von unendlichem Nutzen sein kann, andererseits aber sind sie eine ebenso ungeheure Gefahr für zahllose andere, denn aus ihnen leitet sich auch die ganze hassenswerte, abscheuliche, verderbliche moderne Psychologie her. Immer nur Selbstanalyse, ängstliche Selbstbefragung, immerwährendes den-eigenen-Nabel-Beschauen. Diese jesuitische Methode führt letzten Endes dazu, daß diese ewige Betrachtung seiner selbst völlig die Betrachtung Gottes verdrängt, und nur hieraus erkläre ich mir den schrecklichen Mangel an *Heiligen*, welches eines der untrüglichsten Zeichen der jetzigen Auszehrung des Christentums ist. Ich rate Ihnen: Fliehen Sie die Analyse wie den Teufel und werfen Sie sich gleich einem Verlorenen an Gottes Brust! ...« (Tagebuch, 30. 9. 95)[14]
Es ist erstaunlich, daß selbst für Ernst Bloch, den Philosophen und Inspirator der neomarxistischen Bewegung der 60er Jahre dieses Jahrhunderts, das Mili-

[14] Aus: L. Bloy, Der undankbare Bettler, Tagebücher 1892–1895, Nürnberg 1949, 331, 336, 337.

tärische und Willensasketische der ignatianischen Spiritualität charakteristisch ist. Er artikuliert damit ein prominentes Klischee über den Jesuitenorden:

»Zur puren Befehlskraft tritt jetzt die vorstellungsmäßig fixierende Stärke einer idee force; sie erst überwindet vordem Unübersteigbares. Die ›Exercitia spiritualia‹ des ehemaligen Offiziers, visionär fanatischen Ordensgründers sind Willenstechnik im bisher höchsten ... Grad. Pünktlichkeit, Gehorsam, Befehlsgewalt, grausame Gewalt des Glaubens werden darin eins. Kommandierte Einbildungskraft tritt hinzu, vom Geist Christi erhitzt ... geöffnet und abstellbar auf die Minute ...«[15]

Bloch kommt zu folgendem Fazit: »Erreicht wurde durch solche Schulung, durch eine oft fast mechanisch rationalisierte, daß Menschen als Willensmaschinen auftraten, für sich selber willenlos, doch geladen mit der Energie eines Auftrags und geglaubten Ziels. Das Freund-Feind-Verhältnis wurde völlig inhaltlich, als Verhältnis zum Reich Christi hier, zum Reich des Teufels dort, und die Entscheidung wurde fanatisch durch beides ...«[16]

Das Urteil des protestantischen Kirchenhistorikers und Forschers Heinrich Böhmer belegt, daß – ähnlich wie bei Walter Nigg – dem Basken auch von protestantischer Seite durchaus mehr Gerechtigkeit widerfahren kann. Böhmer räumt mit einem weiteren klassischen Klischee über den Jesuitenorden auf – der Vorstellung von der Hispanisierung der katholischen Kirche durch die Jesuiten:

»›Der Stifter der Gesellschaft Jesu war ein Spanier, ein wahrer Mikrokosmos der spanischen religiösen Kul-

[15] Aus: E. Bloch, Gesamtausgabe der Werke. Band 5 = Das Prinzip Hoffnung, Kap. 1–37, Frankfurt 1959, 789.
[16] Ebd., 789.

tur.‹ – ›Durch ihn und seine Schöpfung, den Jesuitenorden, ist die Herrschaft des spanischen Geistes in der katholischen Kirche entschieden worden.‹ – ›Die Gegenreformation ist ihrem Ergebnis nach nichts anderes als die Hispanisierung der katholischen Kirche.‹ Diese und ähnliche formelhafte Antworten erhält man noch heute gar oft, wenn man nach dem Wesen und der Bedeutung des Jesuitenordens fragt. Und meist beruhigt sich auch der Fragende dabei und verzichtet auf alles weitere Forschen und Studieren, ... weil jede Formel eine angenehm hypnotisierende Wirkung auf das Denken ausübt, und sodann, weil in jenen Formeln eine mystische Größe vorkommt, unter der man sich alles Mögliche und Unmögliche vorstellen kann: der spanische Geist.«[17]

Böhmer faßt sein Urteil über Ignatius folgendermaßen zusammen: »... Aus alledem ergibt sich zur Genüge, daß Ignatius seit seinem 31. Lebensjahr ein ausgesprochener Mystiker und Visionär war, aber ein Mystiker und Visionär, der unter den übrigen Frommen dieser Art fast wie ein zufällig in ihre Mitte verschlagener Fremdling sich ausnimmt ... Er schätzt zwar das betrachtende Gebet über alles und übt es treulich Tag für Tag, aber er geht nie darin auf ... Er ist fest davon überzeugt, daß in den Geschichten, Erleuchtungen, Tröstungen, die er erfährt, Gott ihm persönlich sich offenbart und mitteilt, aber das schreckt ihn nicht ab, jene Heimsuchungen nach ganz bestimmten Grundsätzen kritisch zu beurteilen ...

Er hat stets einen unstillbaren Drang, anderen Menschen mit seinen Gaben zu dienen, und daher war ihm die Betrachtung immer eine Art Mittel, um sich in die rechte Stimmung zu versetzen, die ein solcher

[17] Aus: H. Böhmer, Studien zur Geschichte der Gesellschaft Jesu, Bonn 1914, 1.

Dienst erfordert ... Sein innerster Mensch verharrt also selbst gegenüber jenen wunderbaren Erlebnissen immer in einer gewissen Distanz ..., läßt auch durch sie sich nicht unterjochen und seiner Selbstbestimmung berauben. Das erscheint auf den ersten Blick fast unglaublich, ja übermenschlich, aber erklärt sich doch vollkommen daraus, daß bei Iñigo nicht wie bei den typischen Mystikern und Visionären Phantasie und Gefühl, sondern Verstand und Wille die stärksten und ausschlaggebenden Seelenkräfte waren ...«[18]

Ein Vertreter der von Böhmer erwähnten und abgelehnten Thesen der Hispanisierung der katholischen Kirche durch den Jesuitenorden und die »Gegenreformation« war der Historiker Eberhard Gothein. Sein Urteil über Ignatius und die Gesellschaft Jesu soll deshalb hier exemplarisch aufgeführt werden:

»Aus zwei Quellen ist die Gegenreformation entsprungen: aus der spanischen und aus der italienischen religiösen Kultur ... Aber auch unter jenen beiden Völkern hat der mächtigere Impuls bei den Spaniern gelegen. Das Resultat der Gegenreformation ist in gewissem Sinne die Hispanisierung der katholischen Kirche gewesen. Immerhin hätte das abgeschlossene, einseitige spanische Wesen nicht für sich allein seine Erfolge erringen können. Es bedurfte des mildernden, italienischen Zusatzes. In Ignatius eigenem Leben und Wirken hat sich dies auffällig gezeigt. Seine ganze menschliche Entwicklung gehört seinem Mutterlande, der Hauptteil seiner Wirksamkeit, ja überhaupt seine Entwicklung als Ordensorganisator Italien an ...
Ignatius mochte das Ziel einer allgemeinen Heidenbekehrung näher sehen als irgend einer seiner Nachfolger; denn wenn der kaum entstandene Orden mit solcher Geschwindigkeit überall seine Vorposten

[18] Ebd., 56 f.

aufgestellt hatte, so konnte auch die nachfolgende Eroberung leichter erscheinen als sie in Wirklichkeit war. Dennoch mußte sein Hauptziel ein anderes sein: Wie er die Ketzerei zertritt, so hat man seine kolossale Marmorstatue in Sankt Peters Dom gesetzt, so ihn auf seinem eigenen prunkvollen Grabe dargestellt ... Neuerdings finden es Geschichtsschreiber, die aus dem Orden selber hervorgegangen sind, für gut, die »Jesuitenfabel« zu widerlegen, daß die Gesellschaft Jesu zu dem Zweck gestiftet sei, den Protestantismus zu bekämpfen. Sie sind in ihrem Rechte. Denn unzweifelhaft ist der Gedanke, von dem Ignatius ausgegangen, der der Mission gewesen; aber enthielt nicht schon das erste, vorläufige Gelübde in dem Versprechen der Dienstbereitschaft gegen den Papst auch ausdrücklich die Eventualität, daß diese sie gegen die Ketzer verwende? Im übrigen aber mögen sich diese Vertreter der Tradition der Gesellschaft nur an ihre ältesten eigenen Historiker halten. Sie werden dann sehen, wie rasch diesen die Bekämpfung des Protestantismus als die wichtigste Aufgabe, als die eigentliche Berufung des Ordens erschien.«[19]

Aus dem Kreise seiner Mitbrüder gilt P. Jeronimo Nadal (1507–1580) als einer der berufensten Kenner des Ignatius und als einer seiner engsten Vertrauten. In seiner Beurteilung hebt er die mystische Begnadung hervor:

»Und das möchte ich nicht übergehen, daß unser Vater Ignatius die einzigartige Gnade empfangen hat, in der Schau der heiligsten Dreifaltigkeit frei beten und ruhen zu können ... Und damit die Gnade, daß er in allen Dingen, Handlungen und Gesprächen Gottes Gegenwart wahrnahm mit einem feinen Sinn für das Geist-

[19] Aus: E. Gothein, Ignatius von Loyola und die Gegenreformation, Halle 1985, 1, 11, 661.

liche, ja diese Gegenwart schaute und so mitten im Tun beschaulich war; er pflegte dies in das Wort zu kleiden: Wir sollen in allen Dingen Gott finden.«[20]
Peter Lippert (1879–1936), ebenfalls Jesuit und Schriftsteller, bringt in seiner Stellungnahme psychologisch aufschlußreiche Beobachtungen zum Ausdruck: »Bei Ignatius ist die Heilandsliebe viel mehr (als bei Franz von Assisi) ein Feuerbrand in der Hand eines stürmenden Kriegers, sie ist die Erfüllung des paulinischen Sturmbefehles: ... ›Ob unerwünscht oder lästig, ob Leben oder Tod, nur voran!‹ So kommt es, daß die Gesellschaft Jesu auf ihre Gegner den Eindruck des Aggressiven macht, und sehr viele Vorwürfe, die gegen sie erhoben werden, führen schließlich auf diesen einen zurück: ›Dieser Orden kann die Welt aber auch gar nicht in Ruhe lassen!‹ In der Tat, er ist von der ganzen Ruhelosigkeit des Christentums beherrscht, das ja auch niemals mit der vorhandenen Daseinslage der Welt sich zufrieden gibt, sondern sie von Grund auf auf einem immer höheren Niveau aufbauen möchte.«[21]
In dem jüngsten Buch über den Jesuitenorden schreibt Heinz-Joachim Fischer, Romkorrespondent der Frankfurter Allgemeinen Zeitung, abschließend über den Orden:
»Heute jedoch stellt sich die globale Aufgabe, alle Bewohner der Erde zu Bürgern einer menschenwürdigen Heimat zu machen. Da sind die christlichen Kirchen ... aufgerufen, ihre Botschaft von einer Zivilisation der Liebe und der Gerechtigkeit überall zu verkünden und die Verwirklichung ihres Glaubens zu befördern. Diesem dynamischen, weit ausgreifenden

[20] J. Nadal, in: Examen annotationes, 1557, aus: Monumenta Nadal, Rom 1962, 162.
[21] Aus: P. Lippert, Zur Psychologie des Jesuitenordens, München 1922, 52 f.

und alles umspannenden Ziel entsprechen geradezu ideal jene Prinzipien, die der Ordensgründer Ignatius von Loyola aufgestellt hat und von denen zu allen Zeiten Jesuiten beseelt waren. Nicht das Beschauliche ... nicht das Verharrende und Geruhsame ist Kennzeichen der Societas, sondern das Hinausdrängende, Vorwärtsstürmende, Erobernde. Wie noch nie zuvor seit der Gründung des Ordens vor viereinhalb Jahrhunderten waren die Wesensmerkmale des Ordens so genau auf die Bedürfnisse der Zeit zugeschnitten wie jetzt.«[22]

[22] Aus: H.-J. Fischer, Der Heilige Kampf, München 1987, 279 f.

IV. Aktuelle Tendenzen

1. Stichworte zu Trends in der Gesellschaft Jesu

Johannes G. Gerhartz SJ, Rom

Hier wird Unmögliches versucht. Der Jesuitenorden lebt und wirkt mit 25 000 Mitgliedern weltweit, in 113 Ländern, in unterschiedlichen Kulturen, sozialen und kirchlichen Verhältnissen, unter ganz verschiedenen politischen Systemen. Die Zeitspanne der letzten 25 Jahre, seit dem Konzil und durch das Konzil, war fast überall in der Kirche und in den Orden besonders reich an Ereignissen, guten und weniger guten, tiefgreifenden und eher oberflächlichen. Im Jesuitenorden selbst kamen dazu drei ereignisreiche Generalkongregationen (1965/66, 1974/75, 1983) mit ihren starken, ja »umwerfenden« Anstößen.

Die Entwicklung dieser Jahre in der Gesellschaft Jesu fasse ich in schematischer Verkürzung in drei Stichworten zusammen:

Das erste Stichwort ist *Verlagerung.* Mit diesem Wort beschreibe ich zunächst ganz allgemein die derzeitige Situation des Gesamtordens. Gemeint ist damit die Verlagerung der personellen Präsenz der Jesuiten in der Welt, aber auch die Verlagerung seiner geistig-geistlichen Akzente und seiner apostolischen Ausrichtung. Und dies bei bleibendem Fundament, nämlich der Person Jesu Christi und seine Botschaft, wie sie in den Geistlichen Übungen des hl. Ignatius von Loyola, in der Grundregel des Ordens und seinen Konstitutionen konkret zum Ausdruck kommt. Das

bedeutet Spannungen, nicht selten große, doch zumeist lebendige und lebensspendende Spannungen.
Die *örtliche* Verlagerung der Gesellschaft Jesu von Nord (Europa, Nordamerika) nach Süd (Lateinamerika, Asien, Afrika) und in etwa auch von West nach Ost ist eindeutig. Einige Zahlen machen das ganz klar. 1945 lebten rund 90 % der Jesuiten in den Provinzen des »Nordens«, 10 % in den Provinzen des »Südens« (und diese waren zumeist »Missionare« aus dem »Norden«). Heute (Zahlen vom 1. 1. 89) leben knapp 60 % im Norden und gut 40 % im »Süden« (zumeist »Einheimische«). Und das setzt sich auch in Zukunft fort: 37 % der Eintritte im »Norden« gegenüber 63 % im »Süden«, also fast genau das umgekehrte Verhältnis wie bei den Zahlen der Mitglieder. Weiter: 73 % der Sterbefälle im »Norden«, 27 % im »Süden«. Hält diese Tendenz an, so verlagert der Jesuitenorden seine Mitglieder alle zehn Jahre so, daß 7 % weniger im »Norden« und 7 % mehr im »Süden« sind.
Eine Zahl zur West-Ost-Verlagerung: 21,5 % der Mitglieder des Ordens, aber 28 % der Scholastiker sind Asiaten. Europäer sind 38 % der Mitglieder des Ordens, aber nur 22 % der Scholastiker (davon 30 % aus den Ostblockländern). Ähnlich, wenn auch weniger kraß, sind die Zahlenverhältnisse innerhalb des Ordens in Lateinamerika (14,5 % der Mitglieder und 22,5 % der Novizen). In all dem nimmt der Orden teil an der Verlagerung der Gesamtkirche.
Diese örtliche Verlagerung des Ordens ist von einer konkret noch nicht absehbaren Bedeutung und Konsequenz. Sie bringt neuen Reichtum und neue Aufgaben, aber auch eine kulturelle, geistliche und apostolische Verlagerung mit sich. Nur ein Hinweis: Der Auseinandersetzung mit dem Atheismus und der Säkularisierung (so der Auftrag von Papst Paul VI. an die Gesellschaft Jesu) wird die Auseinandersetzung mit den

alten, großen Religionen, besonders in Asien, zumindest ebenbürtig an die Seite treten, wenn auch das Wort »Auseinandersetzung« hier sehr Verschiedenes beinhaltet. Nicht umsonst hat die Jesuitenuniversität in Tokio als siebte Fakultät 1987 die »Fakultät für vergleichende Kulturwissenschaften« und die Kurie 1988 den »Päpstlichen Rat für den Dialog zwischen den Religionen« gegründet.

Zweites Stichwort: *Unterscheidung.* Dieses ignatianische, fast »innerjesuitische« Wort meint die aus den Exerzitien gewonnene Fähigkeit, die verschiedenen Regungen im Menschen wahrzunehmen, auseinanderzuhalten (zu »unterscheiden«) und so für Kenntnis und Erfahrung dessen, was Gott von mir konkret will, fruchtbar zu machen. Diese Möglichkeit und Fähigkeit hat im Jesuitenorden der letzten Jahrzehnte enorm an Achtung, Bedeutung und Praxis gewonnen und zwar sowohl im persönlichen und kommunitären Bereich als auch in der Tätigkeit nach außen. Das zeigt sich in der stark gewachsenen Kenntnis, Wertschätzung und Anwendung der *ignatianischen* Exerzitien für den einzelnen Jesuiten wie auch im Apostolat. Man spürt es in der persönlichen Führung des einzelnen im Orden und seiner gewachsenen Verantwortung für die Gemeinschaft in Leben und Arbeit. Wieviel hier auch immer noch zu tun ist – und das ist in den verschiedenen Provinzen und kulturell bestimmten Regionen im Orden unterschiedlich –, es gibt im Orden ein von der Unterscheidung geprägtes Wachstum an Brüderlichkeit und Gemeinschaft, gegenseitigem Vertrauen und tieferem Austausch im Glauben. Die apostolische, also auf die Dienste am Nächsten ausgerichtete Unterscheidung in Gemeinschaft wird wenigstens im Ansatz überall praktiziert, ihre vertiefte Kenntnis und Praxis ist im Wachstum begriffen. Das wirkt sich vor allem in zwei Bereichen aus: in der Ausbildung der jungen

Leute und in der überall in Angriff genommenen und zum Teil weit fortgeschrittenen gemeinsamen Planung der apostolischen Arbeit in den Provinzen und zwischen den Provinzen für die Zukunft.
Die Gesellschaft Jesu ist auf dem Wege, das mehr zu erreichen, was ihr Gründer Ignatius von Loyola in allem wollte: »Einem jeden das Seine geben in Unterscheidung.«
Drittes Stichwort: *Nähe.* Was hiermit gemeint ist, drückt das 2. Vatikanische Konzil mit den bekannten Worten aus: »Freude und Hoffnung, Trauer und Angst der Menschen von heute, besonders der Armen und Bedrängten aller Art, sind auch Freude und Hoffnung, Trauer und Angst der Jünger Christi.« Und die 32. Generalkongregation (1974/75) fordert die Jesuiten zur »Einfügung in die Welt« auf: »Ein Test für unseren Glauben, unsere Hoffnung und unsere apostolische Liebe wird es sein, ob wir uns in Zukunft entschlossener in die heutige Welt hineinbegeben.« Diese Verlagerung findet statt und ist eines der prägendsten Elemente gemessen an der »vorkonziliaren« Gesellschaft Jesu.
»Apostolische Nähe« bezeichnet das wachsende Bewußtsein im Orden, daß Apostolat nicht nur besagt, *für* die Menschen dazusein, sondern auch unter und *mit* ihnen zu leben, ihr Leben zu teilen, besonders in der Solidarität mit den Armen. Daß die 32. und 33. Generalkongregation die Forderung nach »Dienst am Glauben und der Förderung der Gerechtigkeit« aufstellten, ist Ausdruck einer größeren Aufmerksamkeit für die sozialen, wirtschaftlichen und politischen Aspekte der Evangelisation, auch eines stark wachsenden Bewußtseins von der Bedeutung des Einsatzes für die Menschenwürde in Gerechtigkeit als einem notwendigen Teil der Verkündigung des Glaubens. Schließlich der Dienst in und mit der konkreten Kirche

»vor Ort« – die kirchliche Nähe als Zusammenarbeit mit den anderen Kräften der Ortskirchen, nicht zuletzt mit den Laien.
Verlagerung, Unterscheidung, Nähe: Man könnte diesen Stichworten noch ein viertes hinzufügen, das ausdrückt, was noch vermehrt zu tun bleibt: Integration. Im persönlichen Leben der Jesuiten: Integration von Gebet und Arbeit im Sinne des ignatianischen contemplativus in actione, Gott finden in allen Dingen. In der Ausbildung: Integration von »Nähe« und – auch intellektuellem – Niveau. Im apostolischen Leben: Integration von Dienst am Glauben und Förderung der Gerechtigkeit, und zwar Integration durchaus von beiden Polen her. Im kirchlichen Leben: Integration des Dienstes des Ordens und des Dienstes der universalen und lokalen Kirche.
Die Gesellschaft Jesu ist auf dem Wege. Ein Zeichen des Lebens.

2. Das Verhältnis des Jesuitenordens zur kirchlichen Hierarchie

Vitus Seibel SJ, München

»Wird sich die Kirche auch in Zukunft auf Euch verlassen können?«, das war die besorgte Frage Papst Pauls VI. an die Jesuiten im Jahre 1975. Gerieten die »Ledernacken des Papstes« (wie eine Zeitung damals flott formulierte) beim Versuch, sich im Anschluß an das 2. Vatikanische Konzil für die kommenden Aufgaben zu rüsten, außer Tritt? In den siebziger Jahren konnte man immer wieder hören, der Orden beachte zu wenig die vorgegebenen Ordnungen und Lehren, er treibe die Anpassung zu weit, er fördere einen Pluralismus, der die Einheit der Kirche bedrohe, er kümmere sich zu wenig um die Richtlinien von Bischöfen, er sei zu politisch, zu horizontal, zu wenig priesterlich, zu diesseitig im Lebensstil, er übe zuviel Kritik, er verunsichere die Gläubigen, er sei ungehorsam. Als es nach dem Schlaganfall des Ordensgenerals Pedro Arrupe im Sommer 1981 zu einem schwerwiegenden Eingriff von Papst Johannes Paul II. in die innere Struktur des Ordens kam, wurden manche dieser Spannungen besonders deutlich. Der Papst hatte den von Arrupe vorgesehenen Stellvertreter (P. Vincent O'Keefe), der bis zur nächsten Generalkongregation laut Ordenssatzung die Geschäfte führen sollte, durch einen »apostolischen Administrator«, P. Paolo Dezza, ersetzt. Erst durch die Wahl von P. Peter Hans Kolvenbach zum neuen Generaloberen auf der 33. Generalkongregation im Herbst 1983 wurde der Normalzustand wieder hergestellt.

Ein mühsamer und schmerzlicher Klärungsprozeß konnte in den 70er und 80er Jahren manche Besorgnis ausräumen und bestimmte Haltungen des Ordens besser verständlich machen.

Konflikte mit Päpsten, Bischöfen, kirchlichen Behörden und Gruppierungen hat es übrigens schon seit der Gründung des Ordens gegeben. Sie entspringen nicht einfach nur aus Fehlern, die gemacht werden, sondern aus der Sache: Die Gesellschaft Jesu wurde nicht gegründet, um in ungefährlichem Terrain zu operieren, sondern um in eine Welt zu gehen, die überaus kompliziert ist: »Überall in der Kirche waren und sind Jesuiten stets an der schwierigsten, vordersten Front, an Scheidewegen, dort, wo verschiedene Lehren einander gegenüberstehen, wo soziale Konflikte aufbrechen, wo die leidenschaftlichen Forderungen der Menschen und die ewige Botschaft des Evangeliums aufeinanderstoßen« (Paul VI., 1974). Es muß nicht erschrecken, daß es da zu unterschiedlichen Sichtweisen, zu einem

Peter Hans Kolvenbach. Seit 1983 Generaloberer der Gesellschaft Jesu.

oft langwierigen Ringen um die richtige Vorgehensweise kommt. Solche Prozesse sind ein Zeichen von Leben und Lebendigkeit. Durch sie wird die Treue des Ordens zur Kirche nicht aufgehoben, sondern fruchtbar gemacht.

Auf dem Hintergrund dieser Erfahrungen ist auch das zukünftige Verhalten des Ordens gegenüber der Hierarchie zu sehen. Die Jesuiten werden auch dann zu verwirklichen versuchen, was ihnen schon im ersten Satz ihrer Gründungsurkunde aufgegeben ist: »Allein dem Herrn und der Kirche, seiner Braut, unter dem römischen Papst zu dienen« (Formula Instituti, 1).

Papst Johannes Paul II. spricht 1982 in einer Rede an die Jesuiten aus, was er erwartet: »... dem Papst und dem Kollegium der Bischöfe dabei behilflich zu sein, die gesamte Kirche auf dem großen, vom Konzil vorgezeichneten Weg voranzubringen.« Weiter: »Eure Gesellschaft ist sozusagen ein Test der Lebenskraft der Kirche durch die Jahrhunderte. Sie ist in gewisser Hinsicht so etwas wie ein Angelpunkt, in dem sich die Schwierigkeiten und Unruhen, die Bemühungen und Initiativen, der Fortbestand und die Erfolge der gesamten Kirche treffen.«

Der Orden versteht seinen Dienst als Dienst an der Einheit. Als Männer des Papstes, die die Jesuiten sind und bleiben, haben sie dem Ganzen zu dienen, über die Grenzen von Pfarreien, Diözesen, Ländern und Kulturen hinweg. Sie verfügen dabei über Strukturen, die nützlich sein können. Der Orden ist weltweit verfaßt und verbreitet und hat gleichzeitig Rückkoppelungssysteme, die es ihm ermöglichen, Entwicklungen zu sehen, zu beurteilen und darauf beweglich zu reagieren.

Der Dienst der Einheit, den der Orden der Kirche der Zukunft leisten muß, wird allerdings auch ein kritisches Mitdenken erfordern und eigene Erfahrungen beitragen müssen, die einen besonderen Akzent setzen: Einheit braucht nicht in einem engen, kirchenstrategischen, integralistischen Sinn als Uniformierung verstanden zu werden. Der Dienst an der Einheit kann durchaus einhergehen mit der Förderung der Vielfalt in der Kirche.

Hier liegt eine alte Tradition des Ordens, die durchaus zukunftsweisend ist: vor Ort, in den Ortskirchen, mitzuhelfen, daß es eigenständig und authentisch zugehen kann.

Dazu würde gehören, an der Basis alles zu stärken, was zu mehr Aufgeschlossenheit und missionarischem Geist führt. Es wird notwendig sein, am Einüben einer Sensibilität mitzuarbeiten, die die Fragen der Menschen in den unterschiedlichsten Situationen und Mentalitäten ernst nimmt, die die Zeichen der Zeit wahrnimmt und behutsam agieren und reagieren lernt. Es würde auch dazu gehören, Umdenkprozesse zu fördern, die hinzielen auf mehr Mut und weniger Ängstlichkeit, auf mehr Öffnung und weniger Abschottung, auf mehr Kreativität und weniger »Schema F«. Es ist zu vermuten, daß die Versuche des Ordens, der Kirche in dieser Richtung zu dienen, auch in Zukunft nicht ohne Spannungen und Turbulenzen verlaufen werden. Vielleicht könnte die Art, wie man dabei mit auftauchenden Konflikten und in Konflikten miteinander umgeht, erst recht ein Zeichen dafür sein, wie der Orden sein Verhältnis zur Hierarchie und darüber hinaus zu allen Menschen zu bedenken und zu gestalten hat.

V. Neue Aufgaben und Arbeiten

1. Der Jesuit Refugee Service

Stefan Taeubner SJ, Frankfurt

12–15 Millionen Menschen sind nach Angaben der Vereinten Nationen gegenwärtig auf der Flucht. Zu Tausenden verlassen sie Vietnam und werden zu »Boat People« im südchinesischen Meer. Sie flüchten aus den Kriegsgebieten des Nahen Ostens, aus der Hungerzone Afrikas oder den von Terror und Bürgerkrieg heimgesuchten Staaten Mittelamerikas.

Einblicke

Mitten unter ihnen lebt P. Pierre Ceyrac, ein französischer Jesuit und langjähriger Indienmissionar. Seit 1980 arbeitet er nun an der Grenze zu Thailand in einem Lager mit Flüchtlingen aus Kambodscha. »Wenn Sie mich fragen, was ich hier mache, muß ich antworten: nichts!«, so beschreibt der schon über 70jährige Pater nüchtern seine Arbeit. »Wir sind hier mit den Leuten unterwegs auf ihrem Leidensweg, das ist alles, und das ist so viel für sie und uns.«

Am Weihnachtsmorgen 1984 mußte er nach einer Bombardierung des Lagers zusammen mit rund 200 000 Menschen die Zelte abbrechen und fluchtartig über die Grenze nach Thailand fliehen.

So wie P. Ceyrac arbeiten heute über 100 Jesuiten in fast allen Flüchtlingsgebieten der Welt im direkten Apostolat an den Menschen, die vertrieben und heimatlos sind, oft ohne Zukunft, ohne Ansehen und ohne Rechte, die in Lagern leben, zum Warten verdammt.

Vision

Es war eine der letzten großen Visionen des früheren Generaloberen der Jesuiten, Pedro Arrupe, die ganze Gesellschaft Jesu auf die konkrete Not und das massenhafte Elend der Flüchtlinge aufmerksam zu machen. In seinem Brief an den Orden vom November 1980 schrieb er: »Ich betrachte unsere Arbeit bei den Flüchtlingen als ein neues, modernes Apostolat für die Gesellschaft als Ganze, ein Werk, dem große Bedeutung heute und in der Zukunft zukommt und das auch für uns selbst zu einer Quelle geistlicher Bereicherung werden kann. Der hl. Ignatius forderte uns auf, überall dorthin zu gehen, wo wir für den größeren Dienst Gottes am meisten gebraucht werden. Die geistlichen und materiellen Bedürfnisse von Millionen Flüchtlingen überall in der heutigen Welt können kaum größer sein. Gott ruft uns durch diese hilflosen Menschen.« So begann P. Arrupe einige Jesuiten mit der Gründung des internationalen »Jesuit Refugee Service« (JRS) zu beauftragen. Heute betreut P. Dieter Scholz als internationaler Direktor in Rom, unterstützt von sieben regionalen Koordinatoren, weltweit die Arbeit.

P. Arrupe hatte vor allem folgende Grundideen des Ordens in diesem neuen Apostolat entdeckt:

– Hingehen und antworten auf die tiefen Herausforderungen unserer Zeit, auf die »je größere Not«, die sich heute vor allem in der ständig wachsenden Kluft zwischen Reichen und Armen äußert.

– Die doppelte Dimension jesuitischen Apostolates, wie es seit den letzten Generalkongregationen unter

dem Stichwort »Dienst am Glauben und Einsatz für Gerechtigkeit« formuliert wurde.
– Schließlich den besonderen Zugang, den Jesuiten zu den Flüchtlingen haben, indem sie auf den konkreten Dienst am ganzen Menschen abzielen.

Dimensionen

Der Jesuit Refugee Service will keine Hilfsorganisation neben anderen sein, die sich im großen Stil um die Belange der Flüchtlinge sorgen. Er vermittelt Jesuiten in die verschiedenen Lager, damit sie dort das Leben der Flüchtlinge teilen und sich denen besonders zuwenden, deren Würde durch den Verlust ihrer Heimat, ihrer Lebensgrundlagen wie auch ihrer Freiheit und Selbstbestimmung zutiefst erschüttert und bedroht ist. Der Engländer P. Bingham beschreibt es so: »Unsere ganze Anstrengung zielt darauf hin, in ihnen das Bild menschlicher Würde erstehen zu lassen, eine neue Freude und menschliches Wachstum.«
Inzwischen können auch jüngere Jesuiten ein bis zwei Jahre ihrer praktischen Ausbildung vor der Priesterweihe in diesem Apostolat verbringen. Die Anregungen und Anfragen, die sie dadurch in ihre Heimatkommunitäten zurücktragen, sind wertvolle Impulse für die Erneuerung des Ordens. Gleichzeitig werden sie wacher für die Probleme des eigenen Landes im menschenwürdigen Umgang mit Asylsuchenden. In ihrem Bericht über die Lage des JRS nach fünf Erfahrungsjahren nehmen die Koordinatoren eine Analyse unserer Weltgesellschaft vor, die diese Flüchtlingsströme erzeugt: »Im Einsatz für diese Menschen werden wir herausgerufen, uns mit ihnen für den Aufbau einer besseren Zukunft einzusetzen, wo Gerechtigkeit, Einfachheit, Geschwisterlichkeit und Liebe die bestimmenden Werte sind. Seien wir Jesuiten, Christen, alle

Männer und Frauen guten Willens, nicht taub gegenüber diesem Anruf.«

2. Jesuit European Volunteers (JEV)

Heinz Walter Hammes SJ, Hannover

Die Verkündigung des Glaubens ist ohne den Einsatz für Gerechtigkeit in unserer heutigen Welt nicht möglich und nicht glaubwürdig – so hatten die Vertreter des Jesuitenordens auf ihrer 32. Generalkongregation Mitte der 70er Jahre festgestellt. Das war und bleibt Feststellung und Verpflichtung zugleich. Aber das Problem besteht natürlich darin, die hehren Ideen, die großen Worte und die guten Absichten umzusetzen. Ein Versuch dazu ist JEV.
JEV steht für »Jesuit European Volunteers«. Diese noch junge, von Jesuiten gegründete Organisation bietet jungen Erwachsenen im Alter von 19 bis 30 Jahren die Möglichkeit, für ein Jahr in sozialen Einrichtungen mit Randgruppen unserer Gesellschaft zu arbeiten.
Daß es soziale Randgruppen gibt, Behinderte und Obdachlose, ausländische Kinder und alte Menschen – das weiß man. Konkreten Menschen in solchen Situationen zu begegnen, mit ihren Nöten und den fehlenden Zukunftsaussichten, und häufig mit der Einsamkeit konfrontiert zu sein und das über längere Zeit – das ist etwas ganz anderes. Auf einem JEV-Reflexionswochenende sprachen Teilnehmer von der Ohnmacht, die sie erleben, nicht oder nur wenig helfen zu können. Diese Ohnmacht auszuhalten und weiterzufragen nach Ursachen, Zusammenhängen und Alternativen, ist ein wichtiger Schritt, damit aus dem sozialen Praktikum auf die Dauer (über ein Jahr hinaus) Einsatz für Gerechtigkeit wird.

Die JEVs wohnen in kleinen Gruppen (4–7 Personen). Die Gemeinschaft ist sicherlich eine Hilfe, zugleich aber auch eine weitere Herausforderung. Es ist gar nicht so einfach, sich »zusammenzuraufen«, trotz oder gerade wegen der hohen Erwartungen an das Gemeinschaftsleben, mit denen die Mehrzahl der Teilnehmer das Jahr beginnt. Kompromisse finden für das gemeinsame Leben – nur so wächst man nach mancher Enttäuschung zusammen.
Einmal in der Woche findet der »Gruppenabend« statt, an dem auch ein Jesuit, der die Gruppe begleitet, teilnimmt. Man spricht über die Arbeit, über die Gruppe, über religiöse Themen, je nachdem, was gerade wichtig ist oder worauf man sich für diesen oder für mehrere Abende geeinigt hat. Oft wird man noch gemeinsam einen Gottesdienst feiern.
Persönliches und gemeinsames Gebet ist während des Jahres wichtig. Es gilt, jene Formen des Betens zu finden, die dem einzelnen und der Gruppe angemessen sind. Gerade auch hier kann die ignatianische Spiritualität mit ihrem »Gott suchen und finden in allen Dingen« hilfreich sein. Es geht um den Versuch, das ganze Leben (Arbeit, Gemeinschaft, persönliche Entwicklung) in das Gebet hineinzunehmen und das Leben vom Glauben her zu reflektieren und zu gestalten.
Einige Tage der Einführung, zwei Reflexionswochenenden, einwöchige Exerzitien und einige Tage der Auswertung bilden einen gemeinsamen Rahmen für die Gruppen im deutschsprachigen Raum. Zur Zeit (Sommer 1988) gibt es JEV-Gruppen in Augsburg, Hannover, Innsbruck, Nürnberg und Stuttgart. Zwei deutsche JEV-Gruppen leben und arbeiten in Kolumbien (für Kolumbien verlangt JEV eine zweijährige Einsatzzeit).
Was die meisten jungen Männer und Frauen suchen, die sich bei JEV bewerben, ist Orientierung für ihr

Leben. Sie wollen herausfinden oder sich sicher werden, wie sie ihr Leben sinnvoll gestalten können hinsichtlich Beruf, Lebensstil und Glauben. Manche kommen nach einigen Jahren Berufserfahrung, andere nach dem Abitur oder während des Studiums. Was JEV bei Bewerbern und Bewerberinnen voraussetzt, ist: abgeschlossene Berufsausbildung oder Abitur, Offenheit für neue Erfahrungen, Belastbarkeit, christliche Grundhaltung und die Bereitschaft, sich auf die vier Grundlinien von JEV einzulassen: Einsatz für Gerechtigkeit, Spiritualität, Gemeinschaft, einfacher Lebensstil.

Kontaktadresse:

Jesuit European Volunteers,
Kaulbachstr. 31a, D–8000 München 22

3. Einsatz für Frieden

Martin Maier SJ, Paris

Die Diskussion um Strategie und Politik im Nuklearzeitalter hat gesellschaftlich und kirchlich in den letzten 10 Jahren einen gewaltigen Aufschwung genommen. Sie ging auch an den Jesuiten nicht unbemerkt vorüber und hat gerade in den europäischen Provinzen viel und viele bewegt.
Ein wichtiges Element für meine Entscheidung, in den Jesuitenorden einzutreten, war die Friedensbotschaft des Evangeliums. Angesichts der Bedrohung der Zukunft der Menschheit durch die Atomwaffen und der immensen Ausgaben für die Rüstung verstand ich das Zeugnis Jesu für die Gewaltfreiheit und seine Seligpreisung der Friedensstifter als einen persönlichen Anruf.

Wenn Reinhold Schneiders Ruf »Unter dem Schild der Atombombe ist nicht der Ort der Kirche« noch in den 50er Jahren eine Hetzkampagne gegen ihn auch in kirchlichen Kreisen erregte, so hat sich inzwischen die katholische Friedenslehre doch weiterentwickelt und besonders den Zusammenhang zwischen den riesigen Rüstungsausgaben und der weltweiten Verarmung in den Ländern der Dritten Welt ins Licht gehoben. So fand ich mich bestärkt durch einen Text des 2. Vatikanischen Konzils über den Rüstungswettlauf, wo dieser als »eine der schrecklichsten Wunden der Menschheit« gegeißelt wird, »der die Armen unerträglich schädigt« (Gaudium et Spes). Auch in ihrer ethischen Bewertung des Systems der Nuklearabschreckung nähern sich die neueren kirchenoffiziellen Dokumente der Haltung an, die Reinhold Schneider vor 35 Jahren vertrat.
Für mich wurde dieses Engagement konkreter, als ich mich 1983 der damals auf dem Höhepunkt der Nachrüstungsdebatte gegründeten »Initiative Ordensleute für den Frieden« anschloß. Diese auch heute noch bestehende Initiative versammelt Ordensmänner und -frauen aus verschiedenen religiösen Gemeinschaften; wir versuchten damals, zeichenhaft durch eine »Friedenswallfahrt« von Düsseldorf nach Bonn, unseren Widerstand gegen die geplante Nachrüstung und gegen den Rüstungswahnsinn überhaupt zum Ausdruck zu bringen.
Natürlich kann man die Frage stellen, wo denn der Zusammenhang zu meinem Jesuitsein liegt. Ich fühle mich in meinem Glauben herausgefordert durch die Tatsache, daß die heutigen Waffenpotentiale die Zukunft der gesamten menschlichen Zivilisation und der Schöpfung bedrohen. Jener Schöpfung, die das Geschenk Gottes ist und von der Ignatius in den Exerzitien sagt, daß Gott in ihr um der Menschen willen arbeitet, sich in ihr um unseretwillen abmüht. Planen

wir von daher gesehen nicht einen Anschlag auf die liebende Schöpfergüte Gottes? Christen dürfen ihre eigene Unfähigkeit eingestehen, Frieden zu schaffen, und zugleich darauf vertrauen, daß Gott seine Friedensverheißung erfüllen wird. So können sie ihre ganze Energie in einem Engagement für Gerechtigkeit und Frieden einsetzen. Weil Christen von der Angst befreit sind, daß alles von ihnen abhinge, können sie aus Schwertern Pflugscharen machen.

Menschlich gesehen scheint die Erfüllung dieser prophetischen Vision aus dem Alten Testament unerreichbar. Es wäre auch sicherlich falsch, aus diesem Bild eine politische Handlungsmaxime abzuleiten. Es bedarf in der Friedensfrage des langen Atems, auf bescheidene Veränderungen und kleine Schritte hinzuarbeiten. Deshalb ist es wichtig, daß einige Jesuiten sich in langen Studien mit den komplexen Zusammenhängen der militärischen Strategiediskussionen und der Friedensethik vertraut machen, um in Publikationen Stellung zu beziehen und kompetent zu beraten. Eine besondere Chance des Ordens scheint mir in diesem Zusammenhang seine Internationalität auch über die Ost-West-Grenzen hinaus zu sein, die besondere Möglichkeiten der Information und des Gespräches bietet.

Schließlich möchte ich noch bemerken, daß Jesuiten bei weitem nicht einer Meinung sind über eine politische Umsetzung des christlichen Friedensauftrages. Ich habe mitunter schon heftig mit Mitbrüdern über Fragen einseitiger Abrüstung, Rüstungsexporte oder ziviler Verteidigung gestritten. Doch eine gemeinsame Basis ist durch die 33. Generalkongregation gegeben, wo es in einem eigenen Abschnitt zum Friedensthema heißt: »In diesem für das Überleben der Menschheit kritischen Augenblick arbeiten viele Jesuiten unmittelbar zur Förderung des Friedens: durch wissenschaftliche Studien, durch Beteiligung an Aktionen, als Berater oder geistliche Inspiratoren und schließlich durch das Zeugnis des völligen Gewaltverzichtes. Dem Beispiel der letzten Päpste folgend, müssen wir für mehr Gerechtigkeit unter den Völkern und für die Beendigung des Rüstungswettlaufes eintreten, der den Menschen die Mittel stiehlt, auf die sie Anspruch haben, und durch den die ganze menschliche Zivilisation in Gefahr gerät.«

VI. Jesuiten vor Ort – Aktuelles aus verschiedenen Ländern und Kontinenten

1. China

Luis Gutheinz SJ, Taipei

Die Erfahrungen seit dem ersten Ansatz mit Matteo Ricci SJ († 1610 in Peking) und dem zweiten Versuch in der Kolonialzeit des 19. Jahrhunderts bis hin zum Markstein der jüngsten Geschichte Chinas, der Gründung der Volksrepublik China am 1. 10. 1949, hinterließen tiefe Spuren im Gedächtnis der Gesellschaft Jesu. Kein Zweifel, über dem »Reich der Mitte« liegt ein eigenartiges Geheimnis, faszinierend und erschrekkend zugleich.

Wie bei den anderen Missionsgesellschaften blieben nach 1949 viele einheimische Jesuiten hinter dem Bambusvorhang zurück. Die ausländischen Ordensleute wurden insgesamt ausgewiesen. Sie kehrten entweder in ihre Heimat zurück oder übernahmen neue Aufgaben im freien Nationalchina auf Taiwan. Eine geringere Zahl ließ sich in Hongkong oder in den umliegenden asiatischen Ländern nieder, in Thailand, Vietnam (bis 1975), in Indonesien und auf den Philippinen, wo sie sich zunächst der Überseechinesen annahmen. Diese ausgewiesenen Chinamissionare standen für den erhofften baldigen Moment der Rückkehr auf das Festland bereit.

Mit der Rückkehr sollte es aber nicht so leicht bestellt sein. Seit der Bambusvorhang fiel, sind bereits 40 Jahre vergangen. Diese Zeit gliedert sich in drei Phasen: Die erste Phase (1949–1957) diente dem neuen Regime zur

Bestandsaufnahme und zum eisernen Zugriff totalitärer Kontrolle. In der folgenden Phase (1957–1976) setzte der Kampf auf Leben und Tod ein, in zunehmend grausamer Verfolgung, bis zu den schrecklichen Tagen der Kulturrevolution (1966–1976). Die dritte Phase (seit 1976) sah China auf einem neuen Kurs. Die ganze Welt verfolgte mit Spannung den gewaltigen Prozeß einer schrittweisen Modernisierung, die eine gewisse Lockerung im wirtschaftlichen und politischen, nicht aber im ideologischen Bereich mit sich brachte. Ob mit der Niederschlagung der studentischen Revolte und dem Massaker vom »Platz des himmlischen Friedens« im Sommer 1989 eine vierte Phase begonnen hat, muß zur Zeit noch offen bleiben.

Die Jesuiten gingen wie alle Christen und Gläubigen anderer Religionen durch eine Feuerprobe. Einige hielten dem Druck des atheistischen Systems nicht stand. Der Großteil mühte sich ab in Gefängnissen, in Arbeitslagern oder im Hausarrest. Die Gründung der »Patriotischen Vereinigung der Katholischen Kirche Chinas« im Jahre 1957 trieb auch in die Reihe der Jesuiten einen Keil. Die Gewissensentscheidung für oder gegen eine Zusammenarbeit mit dem kommunistischen Establishment riß eine tiefe Kluft auf. Romtreue und Vaterlandsliebe wurden und werden in verfälschender Weise als sich gegenseitig ausschließende Optionen hingestellt. Auch die Gesellschaft Jesu in China hat bis heute ihre letzte Einheit in ihrer politischen und kirchlichen Option nicht gefunden.

Im Frühjahr 1988 waren von den insgesamt 63 chinesischen Jesuiten in der Volksrepublik China (49 Priester, 14 Brüder) noch zwei im Gefängnis. Die Nachwuchsfrage bedrängt die Jesuiten genauso wie die anderen Ordensgemeinschaften.

Der Jesuitenorden als Ganzer hat ein besonderes Interesse an den Vorgängen in China. In Zusammenarbeit

mit der Weltkirche und mit anderen Orden sollen Jesuiten für den künftigen Einsatz in China vorbereitet werden. Der »Delegat für das China-Apostolat« (DCA), direkt dem Generaloberen der Jesuiten in Rom zugeordnet, hat zur Zeit mehr als 20 Mitbrüder zur Verfügung. Die einen engagieren sich direkt unter den Auslandschinesen, die anderen in wissenschaftlicher Publikationsarbeit in Hongkong, und die Gruppe der Jüngsten in der Grundausbildung. Die zahlenmäßig stärkere Gruppe von Jesuiten in Taiwan und Hongkong bildet eine Art Rückendeckung für die tastenden Versuche des DCA. Die Jesuiten in Festlandchina unterstehen rechtlich dem Provinzial der China-Provinz mit Hauptsitz in Taipei, Taiwan.
Vielleicht führt uns die Geschichte von P. Franz Xaver Chu SJ tiefer in das Geheimnis der Jesuiten in China ein. Kurz nach 1949 kehrte P. Chu mit einem Doktorat in Geographie von Paris nach Shanghai zurück. 1951 hielt der sonst eher wortkarge Pater eine bewegende Predigt bei der »Auferstehungsfeier« für P. Beda Chang SJ, dem ersten Märtyrer der Kirche Shanghais in der kommunistischen Verfolgung. 1953 wurde P. Chu verhaftet und erst nach sieben Jahren Gefängnishaft 1960 durch ein kurzes Gerichtsverfahren zu 15 Jahren Arbeitslager verurteilt. Im Februar 1975 durfte P. Chu das erste Mal zu einem kurzen Besuch in seine Heimat Shanghai zurück. Er fand dort seine sechs jüngeren Brüder mit ihrer Mutter. Ein siebter Bruder, Michael, arbeitete als Jesuit in den USA. Der achte Bruder hatte bei der Verhaftung seines Bruders Franz Xaver seiner Mutter gesagt: »Mutter, ich gehe anstelle meines Bruders in das Seminar«. 1955 wurde auch er verhaftet. Im Jahre 1980 kam er mit einem Leberleiden zurück nach Hause; er brauchte ärztliche Behandlung. Im November desselben Jahres lieferte ihn die Polizei im Arbeitslager ab. Ein Jahr später wurde er in ein

Gefängnis, nicht weit von Shanghai entfernt, überstellt. Am 27. 12. 1983 besuchte ihn eine junge Verwandte; er schien bei guter Gesundheit zu sein. Vor dem Abschied übergab er der jungen Frau zwei Hosen mit dem Vermerk, er brauche sie nicht mehr. Tags darauf starb er – laut offizieller Bescheinigung an einem Herzversagen. Seine Asche wurde der Familie in Shanghai übergeben. Im März 1984 feierte Erzbischof Dominik Tang SJ, der selbst 22 Jahre im Gefängnis verbrachte, einen Gedächtnisgottesdienst in Hongkong, in rotem Meßgewand. Rot ist die Farbe der Märtyrer.

Kontaktadresse:

Missionsprokur der Jesuiten, (P. Robert Miribung SJ)
Canisiusgasse 16, A–1090 Wien

2. Japan

Alois Koch SJ, Köln

Am 15. August 1549 landete Franz Xaver SJ in Kagoshima (Südjapan). Er blieb bis 1551 und gründete einige Christengemeinden. Bei seinem Abschied ließ er zwei Jesuiten als Betreuer der Christen zurück. Jedoch erst die geniale Figur des Pater Valignano brachte der Mission einen wirklichen Schub: 1587 waren 300 000 Japaner Christen, ihr Zentrum war die Stadt Nagasaki. Nach relativ ruhigen Jahren entbrannte 1614 unter dem Shogun Tokugawa Ieyasu die Verfolgung der Christen, die in der Geschichte der Christenverfolgungen beispiellos war. Um 1650 gab es keinen Priester mehr in Japan.
Im Untergrund blieb die Kirche jedoch lebendig – unter merkwürdigen Formen der Tarnung. Diese

»Krypto-Christen« gaben sich am 17. März 1865, nachdem Japan sich nach über 200 Jahren der freiwilligen Isolation auf den Druck der Weltmächte hin »geöffnet« hatte, in Nagasaki dem französischen Missionar Pater Petitjean zu erkennen. Der Weg der japanischen Kirche blieb mühsam und steinig. Nach der Katastrophe von Nagasaki und Hiroshima, am Ende des Zweiten Weltkriegs, gab es noch ungefähr 100 000 Christen in Japan, heute sind es 430 000. Wenn die Zahl auch gering ist, so ist ihr Einfluß in der japanischen Gesellschaft doch relativ groß. Die Stellungnahmen der Kirche zu Zeitfragen werden aufmerksam zur Kenntnis genommen.

In der zweiten Phase der japanischen Kirchengeschichte (nach 1860) traten die Jesuiten erst zu Beginn des 20. Jahrhunderts auf den Plan. Papst Pius X. wünschte die Errichtung einer Universität in Tokio. Aus Gründen der Zweckmäßigkeit wurde das Unternehmen der deutschen Ordensprovinz übertragen. Die offizielle Gründung der Sophia-Universität wurde 1913 vollzogen. Nach dem Erdbeben 1923 mußte sie neu aufgebaut werden. Heute unterrichten die Jesuiten unter anderem an der theologischen Fakultät und bilden den eigenen Nachwuchs und den Nachwuchs der japanischen Diözesen aus.

Nach dem Ersten Weltkrieg kam ein neuer Missionsbezirk für den Orden hinzu, und zwar der Südteil der japanischen Hauptinsel Honshu: das apostolische Vikariat Hiroshima. Unter zum Teil großen Opfern und Schwierigkeiten wurden in den größeren Ortsteilen Missionsstationen übernommen oder neu gegründet.

Noch vor dem Zweiten Weltkrieg gründeten die deutschen Jesuiten in Kobe ein Gymnasium, das Rokko-Kolleg. Nach dem Zweiten Weltkrieg kamen andere Kollegien hinzu: in Hiroshima und Kamakura, vor

Pedro Arrupe. Generaloberer der Gesellschaft Jesu 1965–1983.

einigen Jahren eines in Fukuoka. Die Gymnasien haben heute je 1 100 Schülerinnen und Schüler. In die Nachkriegszeit fällt auch die Gründung einer Musikuniversität in Hiroshima.

Die Zeit nach 1945 war gekennzeichnet von der optimistischen Überzeugung eines baldigen missionarischen Durchbruchs. So ist es nicht verwunderlich, daß der Jesuitenorden die Japanmission mit besonderem Engagement betrieb. Heute sieht die Situation des Ordens in Japan folgendermaßen aus: Von 360 Mitgliedern sind etwa 130 Japaner, die anderen (85) sind Spanier (der letzte Jesuitengeneral Pedro Arrupe war vor seiner Amtszeit in Rom in Hiroshima tätig), US-Amerikaner (45), Deutsche, Österreicher und Schweizer (50), Italiener (14) und 40 andere Jesuiten aus verschiedenen Nationen.

Die christliche Botschaft findet in Japan vor allem Gehör, wenn sie überzeugend gelebt wird. Die Japaner haben einen natürlichen Zugang zu einer Botschaft, die auf einen Lebensweg führt. Ob in der Teezeremonie, in der Kunst des Ikebana, in der Zen-Meditation oder im Bogenschießen – immer sagt der Meister zum Schüler: »Komm mit mir! Ich gehe mit Dir, ich zeige Dir den Weg!« Diese Sprache wird auch dann verstanden, wenn Christen sie sprechen.

Kontaktadresse:

Missionsprokur der Jesuiten in Japan
(P. Alois Koch SJ)
Stolzestr. 1a, D–5000 Köln 1

3. Indien

Francis Xavier Perianayagam SJ, Madras

Indien ist ungefähr dreizehnmal größer als die Bundesrepublik Deutschland. Es ist mit 752 Millionen Einwohnern auf ungefähr 3,2 Millionen Quadratkilometer Fläche die größte Demokratie der Welt und beherbergt ein weites Spektrum von Religionen (Hinduismus, Islam, Christentum usw.) und Sprachen (14 offizielle und 200 weitere Sprachen). In Indien arbeiten ungefähr 3 200 Jesuiten in fünf Provinzen, fünf Vize-Provinzen und sechs Regionen.
Der Einsatz der Jesuiten in Indien läßt sich unter den beiden großen Aspekten »Inkulturation« und »Option für die Armen« zusammenfassen.

Inkulturation

In diesem Bereich haben die Jesuiten sehr viele ernste Anstrengungen unternommen. Die indische Kultur, ihre Musik und ihr Tanz werden nicht nur in der Liturgie, sondern auch in der Ausbildung und in der Spiritualität gefördert.
a) Einerseits ist die Ausbildung der jungen Jesuiten durchweg an den Grundanliegen von Glaube und Gerechtigkeit orientiert. Andererseits wird in den regionalen Ausbildungshäusern den indischen Sprachen und Kulturen besonderes Augenmerk zugewandt. Alle Scholastiker leben mindestens ein Semester lang auf einem Dorf unter dem Volk. Das Anliegen der Gerechtigkeit lernen sie aus der Begegnung mit den Armen und Unterdrückten vor Ort ebenso kennen wie die Kultur und Tradition des Volkes. Im Philosophiestudium wird auf die Kenntnis der indischen Philosophie Wert gelegt, im Theologiestudium auf die

Beschäftigung mit dem Hinduismus, Buddhismus und Islam.

b) Das Anliegen der Inkulturation hat sich auch im Bereich der christlichen Spiritualität ausgewirkt. In Indien wird die Spiritualität derzeit geradezu neu entdeckt. Im Sadhana-Institut fördern Jesuiten eine indische Spiritualität durch die Ausbildung von Lehrern des geistlichen Lebens. Die »Indo-Ignatian Satsangh« (Satsangh = Bewegung) sucht nach einer interreligiösen Spiritualität. Viele Begegnungsstätten und Ashrams fördern den Dialog von Mitgliedern verschiedener Glaubensgemeinschaften, denn unsere Sendung heute besteht nicht nur in der Verkündigung einer Botschaft, sondern auch darin, unser Verständnis dieser Botschaft mit anderen zu teilen. Bei den Bemühungen um eine inkulturierte Spiritualität ist auch die soziale Dimension des geistlichen Lebens im Blick. Besonders die charismatische Erneuerungsbewegung legt in ihrer Spiritualität den Akzent auf die soziale Tätigkeit.

Option für die Armen

a) Alle indischen Provinzen haben eine eindeutige Grundsatzentscheidung getroffen: das Apostolat der Jesuiten in Indien soll auf den sozialen Einsatz hingerichtet sein. Ihr Ziel ist, unter den Armen, Ausgebeuteten, Unterdrückten und Enteigneten ein Bewußtsein für den Kampf um gleiche Rechte zu schaffen und die Hoffnung auf Befreiung zu fördern. Viele Jesuiten sind der Sache der »dalit-Bewegung« (dalit = die Unberührbaren) verbunden, den ausgebeuteten Fischern der Küste, den Sklavenarbeitern. Sie bemühen sich um Obdach für die Slumbewohner der großen Städte, und bieten kostenlose Rechtshilfe für die Bedürftigen an.

Natürlich führt dieser Einsatz dazu, daß Jesuiten bedroht werden. Sie werden von einflußreichen Kreisen und Politikern behindert, gedemütigt, entführt und gefoltert. Dennoch werden Bewegungen wie PALMERA (People's Action and Liberation Movement in East Ramnad in Tamil Nadu) und Dalit, um nur diese beiden zu nennen, immer stärker. Der Schrei der unglücklichen Armen nach Freiheit von Unterdrückung und Armut begann als schwacher Schrei in der Wildnis der sozialen Ungerechtigkeit und ist zu einem donnernden Ruf geworden.

Jede Provinz hat einen Koordinator für ihre soziale Aktivität. In den Pfarreien geht die soziale Bewegung von den Basisgemeinden aus und greift auf die ganze Kirche über. Die Jesuiten empfinden ihre Mitverantwortung für diesen gesamtkirchlichen Prozeß.

b) Die Option für die Armen prägt ebenfalls die Arbeit in den Erziehungsinstitutionen. Vorzugsweise werden arme Schüler und Schülerinnen aufgenommen. Sie werden auf akademisches Niveau hin ausgebildet. Dem Auftrag der 32. Generalkongregation entsprechend wird im Lehrplan und in den Unterrichtsmethoden versucht, ein Gespür für die Gerechtigkeit des Evangeliums zu vermitteln und zu fördern. Weil in den 143 jesuitischen Schulen und Hochschulen 52 % der Laienmitarbeiter und 75 % der Lernenden nichtkatholisch sind, kennen die Jesuiten vor Ort die Chancen und Probleme religiöser Vielfalt. Die religiöse und spirituelle Ausbildung an den Schulen liegt in ihrer Hand, und sie tragen die Verantwortung für das Curriculum. So haben die jesuitischen Erziehungshäuser alle Möglichkeiten, auch zu Zentren des interreligiösen Dialogs zu werden.

Auch die Massenmedien spielen eine wichtige Rolle für die Veränderung des öffentlichen Bewußtseins. Ein besonders wichtiges Medium ist in Indien das Stra-

ßentheater. Schon die jungen Jesuiten lernen während der Ausbildung, damit umzugehen. Die Botschaft der Straßentheater richtet sich gegen Aberglaube, gegen das Kastensystem, gegen die Unterdrückung der Frau. Im Straßentheater kommen die Spieler auch oft in Kontakt mit ihren Zuschauern, die meist zu den Randgruppen der Gesellschaft gehören. Durch diesen Kontakt lernen sie deren Nöte und Visionen kennen.
Im übrigen setzen die Jesuiten auch die anderen Massenmedien (Videofilme, Kassetten, Zeitschriften) für die Verkündigung und Förderung der sozialen Erziehung ein.
Mit Robert Frost könnte die Vision der indischen Jesuiten folgendermaßen beschrieben werden:

Die Wälder sind schön dunkel und grün,
aber ich habe ein Versprechen zu halten,
und Meilen zu gehen, bevor ich schlafe,
und Meilen zu gehen, bevor ich schlafe.

Das Versprechen ist die Verheißung von Befreiung und Freiheit – für Leib und Seele aller Menschen.

Kontaktadresse:

Missionsprokur der Jesuiten, Indien (Goa, Poona), Indonesien, Ostafrikanische Provinz (Äthiopien, Sudan, Uganda, Kenia, Sambia):
P. Josef Übelmesser SJ
Königstr. 64, D–8500 Nürnberg 1

4. Philippinen

Gerfried Reichel SJ, Frankfurt

Ein starkes Gemeinschaftsbewußtsein verbindet heute die philippinischen Jesuiten, deren Vorfahren Spanier, Chinesen, Malaien und Ureinwohner der philippinischen Inseln sind. Dazu gehören auch immer noch eine Anzahl amerikanischer Jesuiten.

Die Gesellschaft Jesu hat zusammen mit der ganzen Kirche der Philippinen einen tiefgreifenden Wandel durchgemacht, der durch das 2. Vatikanische Konzil angestoßen wurde. Auch die Gruppe der philippinischen Jesuiten ist von diesem Wandel entscheidend geprägt worden. Standen die Jesuiten traditionsgemäß auf seiten der Eroberer und Kolonialherren, so verfechten sie heute entschieden den Einsatz für Glauben und Gerechtigkeit an der Seite der Armen und Unterdrückten.

1581 landeten die Patres Antonio Sedenno und Alonso Sánchez, Begründer der philippinischen Ostprovinz, zusammen mit dem ersten manilischen Bischof, einem Dominikaner. Ihre Hauptaufgabe bestand in der Gründung von Kollegien. Aus dem ersten und bedeutendsten Kolleg St. Ignatius entwickelte sich das Ateneo de Manila, neben Sto. Tomas die wichtigste Universität der Philippinen.

Die Arbeit der ersten Jesuiten war abhängig von Geld und Gnaden Seiner Katholischen Majestät, des Königs von Spanien und seinen Granden. Im Ignatiuskolleg zu Manila wurden nach dem Willen seines Stifters Don Rodrigues de Figuera nur Söhne von Spaniern unterrichtet, und zwar in Latein, Rhetorik, Mathematik, Philosophie und Theologie. Lehrer der »Gottes- und Weltweisheit« waren Jesuiten, die auch Promotionsrechte in diesen Fächern besaßen. Darüber hinaus hör-

ten die Patres Beichten, erteilten Christenlehre, besuchten Kranke und Gefangene.
Auf der südlichsten Insel Mindanao war Seelsorge nur im Schatten der spanischen Kastelle möglich, denn Missionsstationen wurden immer wieder von Moros (Muslims, die sich schon vor der spanischen Eroberung im Südosten Mindanaos angesiedelt hatten) niedergebrannt und deren Bewohner verschleppt. Die Jesuiten waren Seelsorger, zuerst für die spanische Besatzung der Kastelle und dann für verschiedene Gebiete in ihrem Einflußbereich. Denn außerhalb der Philippinen, wohin die Spanier gezwungen waren, sich zurückzuziehen, blieb von Kollegien und Missionen nichts oder nur wenig übrig.
Im Februar 1986 stoppten Millionen Filipinos, in Solidarität und Gebet geeint, anrückende Panzer. »People Power« stürzte die Marcos-Diktatur, und eine Welle von Enthusiasmus und Hoffnung führte Corazon (Cory) Aquino, Witwe des 1983 ermordeten ehemaligen Senators Benigno Aquino, in das Präsidentenamt. Austausch der Machteliten oder Rosenkranz-Revolution? Die Rolle der Kirche war jedenfalls ein entscheidender Faktor beim Erfolg einer Revolution, die der Welt die Wirksamkeit eines gewaltlosen Umsturzes vor Augen führte. Diese Ehre, die der Kirche auch von ihren schärfsten Kritikern nicht bestritten wird, verpflichtet. Die Kirche muß jetzt in der schwierigen Phase des Wiederaufbaus mitten unter den Menschen bleiben. Sie muß der Nation helfen, das, was Theologen »Option für die Armen« nennen, in realistische wirtschaftliche und politische Programme umzusetzen.
Dieser Aufgabe haben sich Jesuiten gestellt. Bekannt geworden ist der Bischof Franz Claver, der in seiner Diözese in Mindanao schon zu Beginn der 80er Jahre mit Basisgemeinden Gewaltlosigkeit praktizierte und

in der Bischofskonferenz Einfluß ausübte. Breite Anerkennung in der Bevölkerung erwarb sich der Verfassungsrechtler P. Joaquin Bernas durch seine streitbare und konstruktive Mitarbeit in der verfassungsgebenden Versammlung von 1986. Der Einsatz anderer Patres bringt es mit sich, eher unbekannt zu bleiben. In Manila gehören Jesuiten zu den persönlichen Ratgebern der Präsidentin Aquino für politische und religiöse Fragen. Im Urwald von Zamboanga an der Südspitze von Mindanao muß hingegen ein Missionar seine Glaubwürdigkeit und Integrität einsetzen, um zwischen den Fronten der New-Peoples-Army (des militärischen Kommandos der philippinischen kommunistischen Partei) und der philippinischen Armee zu vermitteln.

Neben den Patres haben die Absolventen der Jesuitenuniversitäten – sie nennen sich »Atenean« – beim nationalen Wiederaufbau Verantwortung übernommen. Vielen von ihnen wurden politische Ämter anvertraut in der Hoffnung, daß die Korruption eingedämmt werden kann.

Hauptaufgabe der Jesuiten sind Bildung und Erziehung geblieben. Ein Schlaglicht für ihre Rolle im heutigen Bildungswesen ist die Verleihung der Ehrendoktorwürde an Cory Aquino 1986. In ihrer Dankansprache gewann sie ihre Zuhörer mit einem bekannten Witz: »Nun bin ich offiziell zu einem Mitglied der Jesuitenmafia gemacht worden ...« Sie benannte die wichtigste Erziehungsaufgabe der nächsten Jahre als »National Reconstruction through moral Regeneration« (Nationaler Wiederaufbau durch moralische Erneuerung).

5. Zimbabwe

Oskar Wermter SJ, Harare

Im Sambesital wachsen die fantastischen Affenbrotbäume (»Baobab« im Englischen, »Muhuyu« in der Landessprache Shona). Ich erinnere mich, daß Saint-Exupérys »Kleiner Prinz« von ihnen beeindruckt war. Ungeschlachte Riesen. Wie von kleinen Kindern gemalt. Sie unterbrechen die Monotonie des endlos sich hinstreckenden Flachlandes. Kindheitsängste: Hier, wenn irgendwo, kommt die Welt an ihr Ende, bricht sie ab. Zugleich der Reiz, einmal bis an den Rand vorzustoßen. »Bis an die Grenzen der Erde«: Wenigstens einmal möchte man das ganz wörtlich tun, nachdem wir uns darauf eingelassen haben, »seine Zeugen zu sein« (Apg 1, 8).
Sie brennen die schönen Mupani-Bäume nieder, Neusiedler, die ihren ausgelaugten Heimatboden im Süden aufgegeben haben. Um Land ging es im Krieg gegen das weiße Regime bis vor acht Jahren. Wegen Land wurde gerade hier Blut vergossen.
Das Land ist fruchtbar. Wenn es regnet. Dann aber ist auch die Malaria schlimm. Wenn es nicht regnet, herrscht Hunger. Einmal im Monat mache ich die Runde bei den entferntesten kleinen Christengemeinden. Sie stoßen vor, bis es nicht mehr weitergeht. Ich muß ihnen auf den Fersen bleiben. Ich nehme an, das ist, was man andernorts mit Rührung die »Kirche der Armen« nennt. »Arm« – also empfindet man Mitleid. Jedenfalls aus der Entfernung. In nächster Nähe – jede Nacht genieße ich ihre Gastfreundschaft in einem anderen Dorf – fühle ich etwas ganz anderes: Achtung. Besonders vor den so hart arbeitenden Frauen (die Männer sind in der fernen Stadt bei der Arbeit). Gastsein verbietet, mit der Türe ins Haus zu fallen. Warten

können. Bände sind über Missionsmethoden geschrieben worden. Ein Wort genügt: Höflichkeit.
Missionar ist ein Dienstleistungsberuf: »Mädchen für alles.« Es gibt nichts, womit man den Mann auf der Mission nicht belangt. Man wird gebraucht, benutzt, macht sich nützlich, wird abgenutzt, dabei auch ausgenutzt. Knapp zwei Jahre lang war ich unter anderem auch Verwalter des Krankenhauses der Mission. Das Sambesital ist ein Kinderspiel. Aber bei Verhandlungen mit Bürokraten in der Hauptstadt nicht die Geduld zu verlieren, das ist Heroismus.
Die Eindrücke, auch das Niederdrückende und zunächst Unverstandene, in Worte zu fassen, war mir immer so notwendig wie das Atmen. Damit blinden Bürokraten die Augen zu öffnen für die Vergessenen am Rande, z. B. im Grenzland Sambesi, war vielleicht sogar von Nutzen.
Bis an die Grenzen vorstoßen, bis es nicht mehr weiter geht: Das muß wohl der Antrieb gewesen sein, der den Aufbau der Kirche in diesem Nordostteil von Simbabwe seit Ende der fünfziger Jahre möglich gemacht hat. Vielleicht nicht ganz untypisch: Schon im Jahre 1560 ist ein Jesuit, P. Gonzalo da Silveira, bis ins Sambesital vorgestoßen und fand dort sein Ende: Nach sechs Monaten wurde er ermordet. Im Krieg vor zehn Jahren kamen sieben Jesuiten ums Leben, davon zwei Studienfreunde.
Es gibt noch andere Räume, in die es vorzustoßen gilt. Reifere Christen bitten um Geleit in den Innenraum des Gebetes und des Geistes. Eine Vielzahl von geistlichen Strömungen bieten sich an. Auch Sekten, die ein unmittelbares Erfolgserlebnis und sofortige Heilung versprechen. An Irr- und Holzwegen fehlt es nicht. Enthusiasten gibt es auch in der Kirche. Erreicht sie noch der Rat zu sorgfältiger, abwartender Unterscheidung der Geister?

Mit Geistern ist man hier auch anderweitig ganz vertraut. Die Geister der Ahnen liegen einem im Blut: vertraut oder bedrohlich, schützend oder schreckend. »Schmeckt und seht, wie gut der Herr ist.« Wer einmal den rechten Geschmack gefunden hat, wird unterscheiden können, welcher Herkunft die Geister sind. Dies auf den Begriff zu bringen, ist eine theologische Entdeckungsfahrt für unsere junge Kirche.

Ein anderer Raum ist der der Öffentlichkeit dieses neuen Staates. Sich über die neuen Bürokraten aufregen, die so vieles sabotieren, entweder aus mangelnder Erfahrung oder aus schierer Arroganz, hilft nicht. Welches Ethos soll Menschen beseelen, die Staatsdiener sein sollen, aber sich als Herren großer Privilegien vorkommen? Wie soll ein solches Dienstethos vermittelt werden? Die Kirche leistet viele Dienste. Oft abseits der Scheinwerfer der Öffentlichkeit, wie mir sehr bewußt ist, seitdem ich für die Bischöfe Öffentlichkeitsarbeit mache. Gerade deshalb hat ihr Wort Gewicht.

Dieses Wort ist gerade jetzt notwendig, da der junge Staat eine eigene Form zu finden sucht, während er sich mit geliehenen Worten und Begriffen, etwa marxistischen, abplagt. Es ist eine Sache geduldigen Sprechens wie mit meinen einstweiligen bedauerlichen Gastgebern im Sambesital.

Schnelle ideologische Zauberformeln sind verlockend. Die Kirche ist nüchtern. Besteht auf mühsamer Erziehung zu persönlicher Verantwortung. An diesem Unsicherheitsfaktor versuchen sich ja die Zauberer vorbeizudrücken.

Begeisterung statt Geist. Magische Patentlösungen statt Demut und Dienst. Das will die Öffentlichkeit. Da ist es nicht leicht, die nüchternen Forderungen der Kirche zu verkaufen. Der Geist der Kirche kennt keine trennenden Grenzen. Und hat einen langen Atem.

Oder sind 428 Jahre im Sambesital keine lange Zeit? Im Geiste ihres Herrn geht die Kirche auf die Menschen zu, nicht an ihnen vorbei. Sie fordert heraus, aber sie kann auch warten. Sie verwandelt die, die auf sie hören, aber in Geduld und Nachsicht. Auch Liebe tut ja nichts mit Zwang.
Auch meine Affenbrotbäume sind nicht an einem Tag gewachsen.

Kontaktadresse:

Missionsprokur der Jesuiten in Simbabwe (P. Alfons Zegke SJ)
Nieder-Ramstädter Str. 30, D–6100 Darmstadt

6. Kolumbien

Alejandro Arango López, Medellin

Der »International Service for Human Rights« (Präsident: Adrien Claude Zoller) mit Sitz in Genf gab am 4. März 1988 ein offizielles Kommuniqué heraus, in dem die Lage der Menschenrechte in Kolumbien beschrieben und zu einer Kampagne der Solidarität mit unserem Volk aufgerufen wurde. In dem Kommuniqué stand zu lesen: »Kolumbien steht am Rande eines Desasters. In den letzten Jahren ist die Zahl der Entführungen, Verschleppungen und Morde stark gestiegen. Es hat Tausende von Opfern gegeben ... Dutzende von Menschenrechtskämpfern, Hunderte von Gewerkschaftlern, Lehrern und anderen, die im sozialen Bereich tätig sind, wurden ermordet. Unter allen lateinamerikanischen Ländern wird in Kolumbien am meisten gefoltert, entführt, verschleppt und exekutiert.«

Diese Einschätzung wird von Analysen bestätigt, in denen Kolumbien zu den Ländern gezählt wird, die sich im Kriegszustand befinden. Die Kommission Justitia et Pax der Ordenskonferenz von Kolumbien teilte in ihrem ersten Bulletin mit, daß es in den ersten 5 Monaten des Jahres 1988 434 nachweislich politische Morde, 786 vermutlich politische Morde, 79 Verschleppungen und 429 Tote bei Kämpfen zwischen der Armee und den verschiedenen Guerilla-Gruppen des Landes gegeben habe.

Die Situation politischer Gewalt eskaliert in einem Kontext sozialer Ungerechtigkeit. In Kolumbien leben 40 % der Bevölkerung in völliger Armut, trotz der großen menschlichen und natürlichen Reichtümer des Landes (etwa 30 Millionen Einwohner, Fischerei, Öl, Kohle, Gold, Kaffee).

Wie kann das Apostolat der Gesellschaft Jesu in einem Land aussehen, in dem es keine Agrarreform gibt, die den Besitz von Grund und Boden gerecht regelt? In Kolumbien kontrollieren 4 % der Bevölkerung 68 % des kultivierbaren Landes. Was kann die Präsenz der Gesellschaft Jesu in einem Land bedeuten, in dem 45 % der Campesinos nicht einmal einen Quadratmeter Erde besitzen, in dem ungefähr 25 % der Bevölkerung arbeitslos sind und die Inflationsrate im Durchschnitt 20 % übersteigt? Was kann die Gesellschaft Jesu in einem Land tun, in dem nach Informationen des Innenministers 150 Todesschwadronen (paramilitärische Gruppen der extremen Rechten) agieren?

Unterstützt von den letzten Generalkongregationen und unter dem Eindruck der Lage des Landes haben wir kolumbianischen Jesuiten (297 Priester, 59 Scholastiker, 43 Brüder und 32 Novizen) Schritt für Schritt unsere Sendung zur Verteidigung des Glaubens und zum Kampf für Gerechtigkeit aufgenommen. Unsere Provinz hat sich die Sendung der gesamten Gesellschaft Jesu zu eigen gemacht, indem sie sich auf die Suche nach Frieden begeben hat, der für alle Kolumbianer von entscheidender Notwendigkeit ist. Um dieses Ziel zu erreichen, haben wir 1986 unser »Programm für den Frieden« aufgestellt, das den Frieden in unserem Land in zwei Richtungen gestalten helfen will:

a) Die Jesuiten unterstützen Gemeinschaftsprojekte, durch die sich Gruppen in den Gebieten der Gewalt organisieren, die die Ursachen der Ungerechtigkeit überwinden wollen: Gesundheitsprojekte, Schulen und Kleinbetriebe. Diese Projekte werden aus den Zinserträgen des Kapitals finanziert, das durch den Verkauf wertvoller Kirchengeräte an die Banco de la República gewonnen wurde. Verstärkt wird das Kapital durch die Hilfe deutscher kirchlicher Institutionen wie »Misereor«. 1988 (bis August) investierte die Gesellschaft Jesu 200 000 US Dollar in die Projekte.

b) Zugleich versuchen die Jesuiten in allen ihren vorhandenen Werken ein Bewußtsein dafür zu fördern, daß Frieden nicht dann schon da ist, wenn der Krieg beendet ist, sondern nur, wenn zugleich Gerechtigkeit verwirklicht wird.

Das »Programm für den Frieden« hat in allen Werken ein umfangreiches Gespräch über die Lebenssituation im Lande ausgelöst. Die Vielfalt dieser Werke ist groß: Kollegien, Hochschulen, Sozialwissenschaftliche Institutionen, aber auch: Arbeit mit den Campesinos, Exerzitien, Pfarreien, Zentren für Kommunikation und andere Arbeiten mit sozialem Charakter.

In diesem Rahmen bekommt die Ausbildung der Jesuiten eine neue Ausrichtung. Die Situation der Ungerechtigkeit verlangt die Integration von drei Aspekten in der Ausbildung:

- eine Option für die Armen
- eine solide akademische Ausbildung und
- eine ignatianische Vorgehensweise.

Da die Situation von Kolumbien und Lateinamerika nicht nur mit den inneren politischen Strukturen, sondern auch mit dem internationalen System zusammenhängt, meinen wir, daß die Solidarität unter den verschiedenen Provinzen heute mehr denn je notwendig ist. Lösungen für die Probleme der Völker des »Südens« können nur in internationaler Zusammenarbeit gefunden werden. Sollte dies nicht gelingen, könnten sich die Worte des kolumbianischen Schriftstellers Gabriel García Márquez anläßlich der Entgegennahme des Nobelpreises für Literatur bewahrheiten: Die Geschlechter Lateinamerikas werden zur Einsamkeit verurteilt sein.

7. Mittelamerika

José Antonio Pacheco SJ, Guatemala

Am 16. November 1989 drang ein Mordkommando auf das Gelände der Zentralamerikanischen Universität in San Salvador und massakrierte 6 Mitbrüder und 2 Frauen, die in der Jesuitenkommunität wohnten: Ignacio Ellacuria, Segundo Montes, Ignacio Martin Baro, Amando Lopez, Joaquin Lopez y Lopez, Juan Ramon Moreno, Elba Julia Ramos, Celina Marisela Ramos. »Wir haben Ellacuria erledigt, wir werden sämtliche Kommunisten erledigen!« feuerte tags darauf ein Lautsprecher der Ersten Armeebrigade, die nahe beim erzbischöflichen Ordinariat in Stellung gegangen war, die Soldaten an. Während der Trauerfeier antwortete der Provinzial der zentralamerikanischen Jesuiten auf die seit Jahren anhaltende Hetze gegen den Orden: »Nein, die Jesuiten haben sie noch immer nicht zum Verschwinden gebracht, und die Zentralamerikanische Universität auch nicht.«

Nicht nur El Salvador, ganz Mittelamerika (Guatemala, Belize, El Salvador, Honduras, Nicaragua, Costa Rica und Panama) bietet heute ein grauenvolles Bild. Kriege und Konflikte haben mehr als 150 000 Tote verursacht. Die Menschenrechte werden durch Verschleppungen, Folter, ungerechte und willkürliche Verhaftungen ständig verletzt. Die grausamen Massaker an den Campesinos und den Eingeborenen hören nicht auf. Die Tragödie der Flüchtlinge und Obdachlosen dauert an, ihre Zahl nähert sich der zwei Millionengrenze. Die ökonomische Krise ist nach wie vor nicht gelöst, und die unbezahlbaren Auslandsschulden unterwerfen die Länder einer strukturellen und andauernden Verarmung. Am Ende des Jahrhunderts werden 20 Millionen der geschätzten 30 Millionen Mittelamerikaner an oder unter der Armutsgrenze leben, ohne die elementaren Bedürfnisse nach Nahrung, Obdach und Bildung decken zu können.
Aber das ist nicht die ganze Wirklichkeit in Mittelamerika. Am meisten überrascht, daß mitten in Unterdrückung und Tod die Hoffnung lebt. Das vorhandene Leiden führt nicht zur Resignation. Die Verarmung weckt das Gewissen und fördert den Geist der Rebellion, des Kampfes und des Ringens um einen fairen Kompromiß. Es gibt Bewegungen und Einrichtungen, die für Gerechtigkeit und Leben streiten, anfängliche Formen der sozialen Organisation, die im Leben der Ärmsten angesiedelt sind.
Aus dieser Realität folgen auch die Merkmale unserer Sendung: der Kampf für den Glauben und der Kampf für die Gerechtigkeit aus der Perspektive einer Grundsatzentscheidung für die Armen. Dabei setzen wir folgende apostolische Prioritäten:
a) Einwirkung auf die mittelamerikanische Realität durch Reflexion und Forschung auf theologischem und sozio-politischem Gebiet: Die Grundursachen

der Übel und unsere Lösungsvorschläge stehen dabei im Mittelpunkt der Arbeit. 39 Jesuiten teilen sich diese Aufgabe in der Führung von drei Universitäten und drei Forschungszentren.

b) Die unmittelbare Arbeit mit den unterdrückten Mehrheiten: Diese Arbeit besteht im pastoralen und sozialen Einsatz der Jesuiten vor Ort und soll die Selbstorganisation des Volkes fördern. Sie ist die Grundlage der Fruchtbarkeit und der Glaubwürdigkeit unserer Sendung. 34 Pfarreien (in den Slums, auf dem Land, in den Städten) und 11 Zentren der Sozialarbeit werden von 84 Jesuiten betreut.

c) Geistliche Übungen: Mehr als ein spezielles Apostolat sind die Exerzitien die bevorzugte Form, um alle unsere Werke mit ignatianischem Geist zu prägen, unsere Mitarbeiter genauso wie alle, die am sozialen und kirchlichen Wandel mitarbeiten. Fünf Jesuiten arbeiten in drei Exerzitienhäusern und vier Zentren für Spiritualität mit.

d) Erziehung: Die Notwendigkeit und die Rechtfertigung der Kollegien liegt in ihrer Möglichkeit, auf die schwierige Erziehungssituation in Mittelamerika einzuwirken, sowohl durch Unterricht als auch durch Entwicklung von Unterrichtsmodellen und Lehrplänen. 39 Jesuiten arbeiten mit in der Leitung von 9 Kollegien.

e) Medien: Durch die Medien kann die verschwiegene und oft verfälschte Wahrheit an die Mehrheiten herangetragen werden; zugleich helfen sie bei der Bewußtseinsbildung in den Anliegen von Glauben und Gerechtigkeit. Fünf Jesuiten arbeiten für mehrere Rundfunkstationen und vier Medieninstitute.

f) Die internationale Arbeit: Obwohl die Nöte Mittelamerikas groß und bedrückend sind, erfordert die internationale Berufung der Gesellschaft Jesu doch die Überschreitung der Grenzen Mittelamerikas, um sich

anderen Menschen und ihren Fragen und auch Aufgaben von größerer Dringlichkeit zu stellen. Zwei mittelamerikanische Jesuiten engagieren sich in Afrika, einer in Jerusalem.
Das ist die Konkretisierung der Mission unserer Provinz. 250 Jesuiten sind in ihr tätig – von denen sich 89 in der Ausbildung befinden. In dieser Sendung versuchen wir, das Beste, was wir haben, einzusetzen. Wir wissen um unsere Sündigkeit, und sind uns dennoch des Rufes zur Gefährtenschaft mit Jesus in Mittelamerika bewußt.

8. USA

Godehard Brüntrup SJ, Frankfurt

Als Pater White SJ zusammen mit drei Mitbrüdern im Jahre 1633 eine Gruppe katholischer Auswanderer auf ihrer Fahrt über den Atlantik begleitete, ahnten diese Jesuiten vermutlich nicht, daß sie dabei waren, entscheidende Fundamente für den Aufbau der katholischen Kirche und des Jesuitenordens im heutigen Gebiet der USA zu legen. Nichts legte ihnen die Bedeutung ihrer Tat auch nahe, denn die kleine Kolonie »Maryland«, die sie gründeten, wurde bald von Puritanern aus dem Norden überfallen, die Jesuiten gefangengenommen. Aber es war in Maryland, wo in einer durch den nationalen Protestantismus Englands geprägten, den Katholiken feindlich gesinnten Umwelt eine Politik der religiösen Toleranz proklamiert wurde (Act of Toleration, 1649). Obwohl alle diese Bemühungen immer wieder von schweren Rückschlägen getroffen wurden, war es hier (Baltimore), wo 1789 der erste Bischofssitz der katholischen Kirche auf dem Gebiet der Union errichtet wurde. Die gerade verabschiedete

Verfassung hatte dies durch die strikte Trennung von Kirche und Staat begünstigt. Allerdings waren von den damals vier Millionen Bürgern nur knapp 30 000 Katholiken, eine noch unbedeutende – und auch benachteiligte – Minderheit. Unter den Priestern der neuen Diözese waren ehemalige Mitglieder der zwischenzeitlich aufgelösten Gesellschaft Jesu, die sich zu einer »Korporation römisch-katholischer Priester« zusammengeschlossen hatten. 1791 wurde nicht weit von Baltimore, in Washington, ein Kolleg gegründet, die heutige Georgetown University. Der erste Schritt in Richtung auf das bald wichtigste Apostolat der nordamerikanischen Jesuiten war getan.

Überhaupt erscheint die Geschichte des frühen US-Katholizismus und der damaligen Gesellschaft Jesu wie eine Ouvertüre zur Situation in unseren Tagen, die viele Motive schon einmal anklingen läßt. Der Katholizismus in den USA war über lange Zeit eine Religion der gesellschaftlich Unterprivilegierten. Wenn sich heute die US-amerikanischen Bischöfe in ihren Hirtenworten zu Fragen der Rüstung, der Wirtschaft und der Stellung der Frau äußern, so atmen diese Dokumente einen Geist freimütiger Kritik an gesellschaftlichen Autoritäten, der in manchen anderen Ländern, in denen Staat und Kirche stärker verknüpft sind, nur schwer denkbar wäre. Auch unter den amerikanischen Jesuiten sind heute die Themen Frieden und Gerechtigkeit die meistdiskutierten. Die Jesuiten können dabei auf eine große Tradition zurückblicken, die beispielsweise im Werk von P. La Farge SJ ihren Ausdruck fand, der zu einer Zeit, als die Mehrheit der amerikanischen Bevölkerung noch wie selbstverständlich eine rassistische Weltanschauung praktizierte, unüberhörbar für die Gleichberechtigung der dunkelhäutigen Amerikaner eintrat. In der Gegenwart bemühen sich die Jesuiten beispielsweise in

besonderer Weise um die schnell anwachsende Minorität spanischsprechender katholischer Nordamerikaner.
Studiert man die Quellen jedoch genauer, so wird deutlich, daß auch an den Schulen und in den Gemeinden der Jesuiten lange Zeit diskriminierende Praktiken nicht unüblich waren, daß die Gesellschaft Jesu trotz einzelner leuchtender Vorbilder als Ganze dem gängigen gesellschaftlichen Konsens gegenüber nicht distanziert genug war. Dies gilt auf andere Weise auch für den oft üppigen Lebensstil in den großen Kollegskommunitäten. Aus diesen Gründen wurde in den letzten Jahren versucht, das Thema »Glaube und Gerechtigkeit« der 32. Generalkongregation des Ordens lebendig und konkret werden zu lassen. Viele neue Initiativen für das Apostolat mit den gesellschaftlich Benachteiligten sind entstanden, Jesuiten zogen aus großen, gut organisierten Häusern aus, um einfacher zu leben. Aufs Ganze gesehen prägen diese Innovationen die nordamerikanische Gesellschaft Jesu aber bei weitem nicht so stark wie ihre Tradition in den großen Bildungsinstituten. Das erklärte Ziel der Union, den Einfluß der staatlichen Autoritäten nicht zu groß werden zu lassen, hat dazu geführt, daß private oder kirchliche Initiative im Bildungsbereich eine viel größere Rolle spielt als in vergleichbaren europäischen Ländern. Zwei Drittel der Jesuiten arbeiten in solchen Institutionen. Knapp zweihundert Jahre nach der Gründung gibt es heute beispielsweise an der erwähnten Georgetown University etwa 14 000 Studierende; und obwohl noch über 90 Jesuiten an diesem Institut arbeiten, wirkt ihre Zahl bescheiden im Vergleich zu den fast 1000 nicht-jesuitischen Mitgliedern des Lehrkörpers. Will die Gesellschaft Jesu den Einfluß auf diese Bildungsinstitute nicht verlieren, muß sie alles daran setzen, die Verantwortungsträger, die keine

Jesuiten sind, teilhaben zu lassen an dem, was Ignatius und seine Gefährten bewegte und auch heute noch bewegt. Die Vermittlung der ignatianischen Spiritualität und der »Vorgehensweise« der Jesuiten an Laienmitarbeiter ist daher eine, wenn nicht die größte Herausforderung, die die Gesellschaft Jesu in den Vereinigten Staaten von Amerika zu meistern hat.

9. Europa

Wolfgang Felber SJ, Paris

Die ersten Jesuiten stammen aus vielen Ländern Europas. Der Baske Ignatius studiert in Paris, wirkt in Venedig und regiert die neugegründete Gesellschaft Jesu von Rom aus. Mit ganz Europa steht er im Briefkontakt. Der Savoyarde Peter Faber, der kaum deutsch spricht, wird nach Deutschland geschickt, um dort mit den Protestanten das Konzil vorzubereiten. Später erreicht der Pole Stanislaus Kostka nach einer Wanderung durch Mitteleuropa Rom, wo er sein Noviziat beginnt. Und wie steht es heute mit der europäischen Dimension?

a) Osteuropa (ohne DDR): Mit 200 Scholastikern und Brüdern in der Ausbildung stehen die beiden polnischen Provinzen in Europa hinsichtlich des Nachwuchses und des Durchschnittsalters am besten da. Die Jesuiten arbeiten dort außer in der Pfarrseelsorge in Exerzitienhäusern und an Zeitschriften.

Außer in Polen kann der Orden noch in Jugoslawien offen arbeiten. Die Tätigkeit der etwa 200 Jesuiten in den anderen Ländern Osteuropas besteht vor allem im Exerzitiengeben und in der Begleitung einzelner. Der Kontakt mit Jesuiten wird behindert. Ausreisegenehmigungen für Treffen werden selten gewährt, einige Mitbrüder befinden sich in Haft, die Ausbildungsbedingungen für den Nachwuchs sind schwierig. Pater General zeigt diesen Mitbrüdern immer wieder durch seine Anwesenheit Unterstützung.

b) Westeuropa: Mit Ausnahme von Malta, Österreich, Schweiz, Schweden und Norwegen liegen alle Westeuropäischen Provinzen im Bereich der Europäischen Gemeinschaft. Hier halten sich etwa 7 500 Jesuiten auf, davon allein mehr als 700 in Rom. In den meisten dieser Provinzen steht das intellektuelle Apostolat an erster Stelle (Kollegien, Hochschulen, Zeitschriften, Medien), gefolgt von der kategorialen Seelsorge (Studenten, Priester, Akademiker) und geistlichen Betreuung (Exerzitien, GCL, Pfarreien).

Angesichts der komplexen Probleme, die durch soziale Ungerechtigkeit und religiöse Indifferenz in Westeuropa aufgeworfen werden, gewinnt der Einsatz für Glaube und Gerechtigkeit an Bedeutung. Er prägt die spirituelle Tätigkeit ebenso wie die Ausrichtung der Institutionen und die Ausbildung. Oft weisen die Mitbrüder in Afrika und Lateinamerika auf den Zusammenhang der dortigen Probleme mit der Situation in Europa hin (man denke an die Flüchtlinge, Asylanten und Gastarbeiter).

c) Der europäische Horizont: 1988 wurden die Bezeichnungen der europäischen Assistenzen, die bis dahin die Namen der jeweiligen Staaten trugen, geändert, jetzt spricht man von der west-, ost-, süd- und zentraleuropäischen Assistenz. Die Zusammenarbeit einiger Provinzen beginnt bereits in der Noviziatszeit, die mitunter ganz oder teilweise gemeinsam verbracht wird. Ähnlich wie in den Anfängen des Jesuitenordens organisiert seit einiger Zeit ein regelmäßig erscheinender Brief für die europäischen Scholastiker einen Ideenaustausch.

In den meisten Provinzen Ost- und Westeuropas besteht die Möglichkeit, einen Ausbildungsabschnitt im

andersssprachigen Ausland zu verbringen. Sommeruniversitäten, Sprach- und Medienkurse, die regelmäßig veranstaltet werden, unterstützen dieses Vorhaben. Ein Hindernis bilden die unterschiedlichen Diplom- und Ausbildungsgänge, die nicht immer als gleichwertig anerkannt werden. Die europäischen Kontakte können auch nach der Ausbildung in den verschiedensten Gremien hergestellt oder vertieft werden.
Was die Europäische Gemeinschaft angeht, so wirken Jesuiten in Straßburg und Brüssel bei den europäischen Institutionen mit. Seit 1987 steht ihnen ein eigener Superior vor. Er ist zugleich der Präsident der europäischen Provinzialskonferenz, die 1987 in Zagreb ins Leben gerufen wurde.
Bereits jetzt behindern nicht so sehr Sprach- und Landesgrenzen die Zusammenarbeit innerhalb des Ordens, sondern eher, vor allem bei Personalentscheidungen, die Interessen der jeweiligen Provinzen am Bestand ihrer Werke und Arbeiten. Den meisten Provinzen steht zu wenig Personal zur Verfügung, um großzügig die Projekte anderer unterstützen zu können. Aber – um mit Ignatius zu sprechen – quo universalius, eo divinius (je universaler etwas ist, desto mehr stammt es von Gott). Es ist an der Zeit, die Dynamik der ersten Jesuiten für das Europa von heute wiederzuentdecken und bereits vorhandene Ansätze weiterzuentwickeln.

10. DDR

Thomas Gertler SJ, Erfurt

Mit den meisten Menschen in unserem Land sind wir gegenwärtig (Ende 1989) hin- und hergerissen zwischen engagierter Hoffnung auf einen Neubeginn und

Angst vor dem, was uns an Miseren und Last aus der Vergangenheit noch einholen wird. Der Blick auf die jetzt noch gültigen Realitäten ist ernüchternd. Wir sind in der DDR 35 Jesuiten. Davon sind 12 unter oder an die fünfzig Jahre alt. Und das in einer Kirche, die knapp eine Million Mitglieder zählt. Seit Herbst 1988 haben wir drei Novizen. Ein grüner Zweig am alten Baum. Bei solchen Zahlen und angesichts der rasanten Veränderungen von Trends oder Tendenzen zu sprechen wäre vermessen. Immerhin läßt sich über die bislang noch gültige Planung folgendes sagen:

a) Die Grundausrichtung der nächsten Jahre ist klar. Die Entscheidung fiel auf unserem jährlichen Treffen 1983 in Dresden. Die Mehrheit der Mitbrüder votierte nach einer gemeinsamen geistlichen Erwägung für den Neubau unseres Berliner Exerzitienhauses. Damit war entschieden: Wir wollen als spezifisch jesuitischen Beitrag für die Kirche unseres Landes die beiden großen Exerzitienhäuser in Berlin und Dresden halten. Erfurt bleibt als Ausbildungshaus ebenfalls sicher bestehen. Man kann fragen, ob eine solche Monokultur von Exerzitienhäusern nicht gefährlich ist. Der Gefahr können wir auf zweierlei Weise begegnen. Einmal bleiben noch Einsatzmöglichkeiten darüber hinaus, die zur Zeit auch wahrgenommen werden: Pfarrei, Studentenseelsorge, GCL, Zusammenarbeit mit dem Benno-Verlag in Leipzig, Telefonseelsorge, Priesterausbildung. Wichtiger aber ist ein zweiter Punkt:

b) Der innere Wandel unserer Kommunitäten. Was nach der Lösung von Strukturfragen aussteht, ist der schwerere Teil. Unsere Häuser und Werke sollen strahlkräftig werden über die bloße Erledigung der Alltagsarbeit hinaus. Sich aus einer Ansammlung von Jesuiten zu einer apostolischen Kommunität hin zu entwickeln, ist deshalb so schwierig, weil es ohne die Bereitschaft des einzelnen nicht möglich ist. Und gerade da gibt es große Ängste. Man sagt ja den Jesuiten einen ausgeprägten Individualismus nach. Die Wurzeln des Übels liegen also tief. Es ist aber nicht nur ein typisches Jesuitenproblem. Mut zur Offenheit, Mut, eigene Fehler und Schwächen einzugestehen, Mut, mit Konflikten umzugehen, Mut zum Wagnis und zur Kreativität, all das war bisher Mangelware nicht nur bei uns Jesuiten, sondern hat der ganzen Gesellschaft der DDR, auch der katholischen Kirche gefehlt. Das Mißtrauen des einzelnen und die Geschlossenheit der Gesellschaft aufzu(er)lösen, ist immer noch mühsame Aufgabe. Nur die Staatsgrenzen zu öffnen, ist zu wenig. Damit bin ich beim letzten Punkt:

d) Das bisherige Hauptproblem der katholischen Kirche in der DDR ist die bewahrende Seelsorge. Dies ist eine gelebte Irrlehre, denn praktisch bedeutet sie: »Kirche ist nur für sich selber da.« Diese Selbstgenügsamkeit macht uns nichtssagend für die Menschen um uns. Sie ist eine Ursache für unser kontinuierliches Schrumpfen. An der bewahrenden Seelsorge sind die Exerzitienhäuser sehr beteiligt: Bestärkung der Getreuen. Aber Exerzitien sind ja auch ein Weg aus der Selbstverschlossenheit in die Freiheit der Kinder Gottes und stellen vor die Wahl einer konkreten Nachfolge Christi hier und heute. Zuerst uns Jesuiten.

Wenn es uns geschenkt wird, daß wir uns aus der Mitte unserer Spiritualität heraus auch füreinander öffnen und schöpferisch Wege aus uns und unseren Häusern heraus finden, dann kann es uns auch geschenkt werden, gerade durch die Exerzitien dabei mitzuhelfen, daß die Wende in den politischen Verhältnissen zu einer Wandlung im Verhalten wird, oder biblischer zu einer Umkehr, die das Evangelium glauben läßt und neu verkünden lehrt. Denn jetzt geht es um die Entscheidung: Wollen wir nur einen Wohlstand, oder ergreifen wir die Möglichkeit zu einer wahrhaftigen, gerechteren und offeneren Gesellschaft, und auch Societas Jesu?

11. Tschechoslowakei

Damian Sassin SJ, Göttingen

Über die Jesuiten in der Tschechoslowakei läßt sich nur Vergangenes berichten. Über ihren tatsächlichen Lebensbedingungen in der Gegenwart liegt der Mantel des Schweigens. Wie die Jesuiten dort die Zeit der Verfolgung und Zerstreuung durchleben, darüber werden erst künftige Generationen offen sprechen können.
Die kommunistische Machtergreifung nach dem Zweiten Weltkrieg hat in der ČSSR (jetzt ČSFR) tiefgreifende Konsequenzen für das Leben der Kirche insgesamt mit sich gebracht. Hier wurde die Kirche so brutal verfolgt wie sonst fast nirgendwo.
Der Einschnitt erfolgte für die Ordensgemeinschaften im Jahre 1950. Für die Bewohner des Studienhauses in Tetschen begann die Unterdrückung mit der Aufhebung dieses Hauses durch die staatlichen Organe. Alle wurden zusammengerufen und bekamen ein Dekret des Präsidenten Gottwald vorgelesen, in dem unter anderem alle Ordensgelübde für ungültig erklärt wurden. Jesuitsein wurde illegal. Man brachte die Jesuiten in ein Konzentrationskloster, wo manche von ihnen bis zu 10 Jahren verbrachten. Viele kamen auch für bis zu 18 Jahre in Gefängnisse oder Arbeitslager. Ihr Verbrechen: Jesuit zu sein. Bis zum Prager Frühling war es sogar so, daß es der Geheimpolizei genügte, daß zwei Jesuiten sich trafen, um sie wegen illegaler Aktivitäten zu verurteilen.

Genau wie alle anderen Priester mußten auch Jesuitenpatres ab 1950 eine staatliche Genehmigung vorweisen können, wenn sie die Eucharistie feiern wollten. Kein Wunder, daß sich fortan das kirchliche Leben weitgehend im Untergrund abspielte. Nicht der Vatikan hat dies so gewollt, sondern die kirchenfeindliche Politik des Staates hat es so bewirkt. Die staatlichen Behörden behaupten allerdings bis heute das Gegenteil und verlangen vom Vatikan die Auflösung der Untergrundkirche als Vorbedingung für alle Verhandlungen.

Der Gegensatz zwischen den tatsächlichen Lebensbedingungen der Kirche in der ČSSR und den Menschenrechtserklärungen der UNO und der KSZE-Akte von Helsinki 1975 ist unübersehbar. Und doch hat die ČSSR beide Dokumente mit den Unterschriften ihrer Regierungsvertreter anerkannt.

In diesem Zusammenhang soll nicht unerwähnt bleiben, daß es unter den jungen Menschen in der Tschechoslowakei ein großes Interesse am Ordensleben gibt. Doch ist der Weg dorthin für sie alle sehr schwer, da es ja den Orden unmöglich ist, Ausbildungshäuser einzurichten.

Als im Herbst 1987 zum ersten Mal seit 1950 ein böhmischer Provinzialoberer zu einer Versammlung der Jesuiten nach Rom durfte, keimte im Orden ein wenig Hoffnung für die Zukunft. Ein großer Schub neuer Hoffnung ist allerdings erst mit den Ereignissen des Spätherbstes 1989 eingetreten. Die neue Entwicklung der ganzen Gesellschaft der ČSFR läßt auf ein freies Zusammenleben der Ordensleute hoffen. Für konkrete Voraussagen ist es aber jetzt (Dezember 1989) ebenso zu früh wie für die Beschreibung des Status Quo, der sich täglich verändert.

12. Polen

Jósef Bremer SJ, Krakau

Seit 1926 gibt es in Polen zwei Provinzen der Gesellschaft Jesu, zu denen 430 Patres, 211 Scholastiker und 114 Brüder gehören. 15 % davon arbeiten oder studieren im Ausland.

Die philosophisch-theologische Ausbildung wird im wesentlichen durch zwei jesuitische Fakultäten gesichert, die Philosophische Fakultät in Krakau und die Theologische Fakultät in Warschau. Beide Fakultäten bemühen sich seit langer Zeit um staatliche Anerkennung. Das dreijährige Grundstudium in Krakau, das sich schwerpunktmäßig mit den Problemen des theoretischen und praktischen Atheismus beschäftigt, wird ergänzt durch Vorlesungen an der Päpstlichen Theologischen Fakultät in Krakau, wo neun Jesuiten dozieren. In Warschau halten Jesuiten zusammen mit Laien Vorlesungen an der Akademie der katholischen Theologie – während sie an der staatlichen Fakultät nur in Ausnahmefällen unterrichten.

Wichtig ist auch die Arbeit der Mitbrüder in der Verlagstätigkeit. Die Jesuiten geben zwei Monatszeitschriften heraus: Przeglad Powszechny (Allgemeine Umschau) richtet sich vor allem an die intellektuelle Schicht (Auflage 8500, Eigendruck), Poslaniec Serca Jezusowego (Herz-Jesu-Sendbote) mit einer Auflage von 85 000 an weitere Leserkreise. Im Jesuiten-Verlag in Krakau gab es darüber hinaus 1987 zwanzig Neuerscheinungen.

Da der Religionsunterricht in Polen außerhalb der Schulen stattfindet, gibt es einen großen Bedarf an Handbüchern und Lehrmitteln. Das Katechetische Zentrum in Warschau bemüht sich mit seinen zwölf Jesuiten darum, diesem Bedarf einigermaßen zu entsprechen. Nach dem Zweiten Weltkrieg wurden die polnischen Provinzen weit von Osten nach Westen verschoben. Der Staat enteignete einen großen Teil der ordenseigenen Gebäude. Wegen der Politik des Staates vor allem in den unmittelbaren Nachkriegsjahren mußte sich der Orden auf die eigentlich für ihn untypische Pfarrarbeit zurückziehen. Jesuiten führen bis heute 22 Pfarreien, hauptsächlich in den Großstädten. Sie wirken als Seelsorger mit in Pfarreien, Krankenhäusern und Studentengemeinden (bekannt sind vor allem Lublin, Thorn, Warschau, Oppeln, Krakau, Breslau). Von besonderer Bedeutung ist die Arbeiterseelsorge in Danzig und Breslau sowie die Arbeit unter Akademikern in Lodz, Kalisz, Warschau, Thorn, Breslau. Ein weites Aufgabenfeld bleibt die Vermittlung christlicher Kultur in Zusammenarbeit mit den Kulturträgern der Gesellschaft.

Da Pfarrarbeit keine genuin jesuitische Arbeit ist, zeigt sich unter den Jesuiten in Polen ein starkes Bedürfnis nach einer besonderen jesuitischen Note in dieser Arbeit. Zur Zeit ist der größte Teil der Pfarrarbeit von Religionsunterricht und Beichtseelsorge absorbiert (so kommen etwa in Gleiwitz 8000 Kinder und Jugendliche zum Unterricht, in Nowy Sacz 4000). Die neueren Baumaßnahmen sollen Raum schaffen für Gruppen- und Einzelexerzitien. Bis jetzt standen in ganz Polen Laien und Geistlichen für Exerzitien nur zwei Häuser mit insgesamt 110 Plätzen zur Verfügung (Czechowice-Dziedzice und Kalisz). Im Mai 1988 gewannen die Jesuiten ein Exerzitienhaus in Tschenstochau, dem Nationalheiligtum Polens, hinzu, das 1948 vom Staat beschlagnahmt worden war. Auch in Gdingen entsteht ein neues Exerzitienhaus.

Eine Gruppe von 20 Volksmissionaren führt Volksmissionen und geistliche Erneuerungstage in Diözesen und Pfarreien durch. Um mehr Einzel- und Gruppen-

begleitung verwirklichen zu können, beteiligen sich die Jesuiten an der »Oasen-Bewegung« (eine kirchliche Erneuerungsbewegung), sind dafür aber weniger präsent in der charismatischen Erneuerung und der GCL.
In Chicago, London und Melbourne arbeiten polnische Jesuiten mit polnischen Emigranten. Für die Emigranten geben sie in Chicago den »Herz-Jesu-Sendboten« heraus und gestalten Radiosendungen in polnischer Sprache. Hauptmissionsgebiet der polnischen Jesuiten ist Sambia. Dort arbeiten 24 polnische Jesuiten. In Mananjary (Madagaskar) sind seit einem Jahr drei polnische Jesuiten, um ein Kolleg für Jugendliche zu führen. Weiter sind polnische Jesuiten in Brasilien, Nahost, Westeuropa und Rom tätig.

13. Frankreich

Jean Claude Dhôtel, Paris

Die Jesuiten in Frankreich widmen sich den traditionellen Aktivitäten des Ordens, aber sie tun dies entsprechend den speziellen Bedingungen der französischen Ordensgeschichte:
So hat die Gesellschaft Jesu trotz ihrer Präsenz in der intellektuellen und kulturellen Welt auf französischem Territorium nie eine Universität aufbauen können. Vom Anfang ihrer Geschichte an rieb sie sich am Monopol der gallikanischen Kirche für die höhere Bildung, das später vom Monopol des Staates übernommen wurde. Die Enteignungen am Ende des 19. Jahrhunderts nötigten zwei Scholastikatshäuser bis zur Zeit nach dem Zweiten Weltkrieg zur Emigration in das Ausland (Jersey und Enghien in Belgien). Erst seit 1974 darf die Gesellschaft Jesu in ihrem Centre Sèvre

in Paris an der philosophischen und theologischen Fakultät externe Studierende aufnehmen.

In dieser Situation ist die Präsenz des Ordens in der intellektuellen und kulturellen Welt vor allem durch die Publikationen gewährleistet. Der gute Ruf des Scholastikates von Fourvière in Lyon fußte vor allem auf den beiden wissenschaftlichen Reihen »Théologie« und »Sources Chrétiennes«, die während des Krieges von den Patres de Lubac und Daniélou gegründet wurden. Zwei wissenschaftliche Zeitschriften existierten bereits, das »Archive de Philosophie« und die »Recherches de science religieuse«. Heute sprechen mehrere Zeitschriften, die in einem »Zentrum für Publikation« neu angesiedelt worden sind, einen breit gestreuten Leserkreis an: »Études« (Kultur), »Projet« (soziale und ökonomische Fragen), »Christus« (Spiritualität). Der Einsatz der Jesuiten für Spiritualität entspricht in Frankreich einer großen Tradition. Die bedeutenden Autoren des 16. Jahrhunderts (Lallemant und Surin), der selige Claude de la Colombière (Herz-Jesu-Verehrung), Henri Ramière (Gebetsapostolat) sind nur die bekanntesten Namen einer Fülle von geistlichen Schriftstellern des Ordens bis in die heutige Zeit hinein. Das »Dictionnaire de Spiritualité« ist eine Fortsetzung dieser Tradition auf wissenschaftlicher Ebene. Das Erteilen von Exerzitien und die Ausbildung von Exerzitienmeistern sind praktische Schwerpunkte.

Die Gesellschaft Jesu bleibt trotz der Verminderung der Zahl von Jugendseelsorgern auch im Bereich der Jugend einflußreich. Sie trägt weiter Mitverantwortung in mehreren Kollegien, nachdem sie bei den meisten Schulen die Trägerschaft an andere private oder kirchliche Träger abgegeben hat. Den Kontakt mit jungen Erwachsenen sucht die Gesellschaft Jesu in der Studentenseelsorge, der GCL und in der

Arbeit mit jungen Berufstätigen, die in letzter Zeit zunimmt.
Angesichts einer herrschenden Tendenz unter Christen, sich in geschlossene Gemeinschaften zurückzuziehen, bemühen sich die Jesuiten darum, eine Spiritualität der Öffnung für das Engagement in der Gesellschaft zu fördern. Mehrere widmen sich den politischen, wirtschaftlichen und sozialen Fragen in der Tradition der »Action Populaire«, die in den Jahren nach dem Erscheinen der Enzyklika »Rerum Novarum« entstand. Die Action Populaire spielte eine bestimmende Rolle in der französischen katholischen Jugend- und Gewerkschaftsbewegung. Der Zweite Weltkrieg führte mit seinen gesellschaftlichen Folgeerscheinungen dazu, daß sich mehrere Jesuiten unter dem Einfluß von Jean Lacan zu einem Leben entschlossen, das die Bedingungen der Arbeiterwelt teilt. So entstand das Apostolat der Arbeiterpriester (Mission Ouvrière SJ), das in mehreren anderen europäischen Ländern übernommen wurde. Nach dem Algerienkrieg und der Wirtschaftskrise wandten sich die Jesuiten verstärkt dem Milieu der Arbeitslosen, Einwanderer und sozialen Randgruppen zu.
Die französische Provinz besteht heute aus etwa 1000 Mitgliedern, von denen sich – entsprechend der missionarischen Tradition der französischen Jesuiten – ungefähr 200 außerhalb der französischen Heimat befinden.
Viele Jesuiten aus der Generation der siebziger Jahre waren durch die Krise des Priestertums in Frankreich geprägt. Sie machte sich bemerkbar in einer hohen Austrittszahl, aber auch in dem entschiedenen Wunsch vieler Scholastiker, nicht zu Priestern geweiht zu werden. Wenn man heute von einem Ende dieser Krise sprechen kann, so macht sich der zahlenmäßige Rückgang der Berufungen insgesamt dennoch sehr stark

bemerkbar. Im Vergleich zu anderen Ordensgemeinschaften sind beim Jesuitenorden in Frankreich wenig Anzeichen für eine wesentliche Verbesserung der prekären Nachwuchssituation erkennbar.

VII. Anhang

Zeittafel zur Ordensgeschichte

1491	Geburt des Ignatius von Loyola
1521	Verwundung bei der Verteidigung von Pamplona
1534	Erste Gelübde auf dem Montmartre in Paris
1540	Bestätigung der Gesellschaft Jesu durch Papst Paul III.
1542	Franz Xaver landet in Indien
1543	Petrus Canisius, der erste »deutsche« Jesuit, tritt in die Gesellschaft Jesu ein
1545–1563	Konzil von Trient
1548	Gründung des Kollegs von Messina unter der Leitung von Jeronimo Nadal
1549	Franz Xaver in Japan
1550	Die ersten Jesuiten in Brasilien
1551	Gründung des Römischen Kollegs (heute »Gregoriana«)
1555	Petrus Canisius veröffentlicht einen Katechismus
1556	Tod des Ignatius in Rom
1558	Errichtung der deutschen Assistenz
1562	Jesuiten in Macao
1577	Beginn der organisierten Missionstätigkeit der Jesuiten in Japan
1582	Matteo Ricci begründet die Chinamission
1586	Erste Jesuiten in Paraguay
1587	Beginn der Christenverfolgung in Japan

1599	Die »Ratio Studiorum« (Studienordnung der Jesuitenkollegien) tritt in Kraft, die Jesuiten nähern sich dem Erziehungsmonopol im katholischen Europa
1605	Jesuiten als Berater am Hofe Akbars, des Großmoguls von Indien
1606	Roberto de Nobili als Missionar unter den Brahmanen
1608	Gründung der Indianerreduktionen in Paraguay
1622	Heiligsprechung von Ignatius und Franz Xaver
1623	Zweite Missionswelle in China unter Adam Schall
1631	Erscheinungsjahr der »Cautio Criminalis«, (anonym), eine Schrift gegen die Hexenprozesse von Friedrich Spee
1673	Jacques Marquette bereist und erforscht zum erstenmal das Stromgebiet des Mississippi
1678	Höhepunkt der Jesuitenverfolgungen in England
1707	Erstes päpstliches Verbot der »chinesischen Riten«
1750	Endgültige Abschaffung der Hexenprozesse in Deutschland
1757	Vertreibung der Jesuiten aus Portugal und dessen Kolonien
1767	Vertreibung der Jesuiten aus Spanien, Neapel-Sizilien und Parma. Verbot der Landung in Rom
1773	Aufhebung der Gesellschaft Jesu durch Papst Klemens XIV.
1778	Papst Pius VI. billigt mündlich das Weiterbestehen des Ordens in Rußland

1801	Pius VII. bestätigt offiziell den Orden in Rußland
1812	Die Leitung der Georgetown-University in Washington wird von Jesuiten übernommen
1814	Allgemeine Wiederherstellung des Ordens durch Pius VII.
1834	Wiederaufnahme der Mission in Indien
1847	Vertreibung der Jesuiten aus der Schweiz
1864	Päpstlicher Syllabus gegen die »hauptsächlichsten Irrtümer der Zeit«
1872	Vertreibung der Jesuiten aus dem Deutschen Reich (Kulturkampf)
1909	Gründung des Päpstlichen Bibelinstitutes in Rom
1914	Aufnahme des Vorlesungsbetriebes an der Sophia-Universität Tokio
1917	Aufhebung des Jesuitenverbotes in Deutschland
1923	27. Generalkongregation: Neuordnung des Rechts in der Gesellschaft Jesu
1925	Heiligsprechung des Petrus Canisius und Erhebung zum Kirchenlehrer
1937	Erste Verhaftung und Verhör von Rupert Mayer durch die NS-Justiz
1938	Gründung der Südamerikanischen Assistenz
1945	Verurteilung und Hinrichtung von Alfred Delp in Berlin
1956	Aufhebung des Jesuitenverbotes in Norwegen
1962–1965	2. Vatikanisches Konzil
1965	Wahl des Basken Pedro Arrupe zum General; mit 36 000 Mitgliedern hat der Orden den Höchststand seit der Gründung erreicht

1965	Paul VI. beauftragt die Jesuiten mit dem Kampf gegen den Atheismus
1973	Aufhebung des Jesuitenverbotes in der Schweiz
1974–1975	32. Generalkongregation: Neuformulierung des jesuitischen Selbstverständnisses unter den Stichworten »Glauben und Gerechtigkeit«
1981–1983	Interimsregierung durch den von Johannes Paul II. bestimmten apostolischen Delegaten Paolo Dezza.
1983	33. Generalkongregation: Wahl von Peter Hans Kolvenbach zum Generaloberen der Gesellschaft Jesu
1983	Konflikt um das Engagement von Jesuiten (Fernando Cardenal SJ) in der sandinistischen Regierung von Nicaragua
1987	Seligsprechung von Rupert Mayer
1988	Seligsprechung von Miguel Pro
1989	Ermordung von sechs Jesuiten in El Salvador

Zahlen

Zu Beginn des Jahres 1988 hatte der Jesuitenorden 24 924 Mitglieder: 17 734 Priester, 3 999 studierende Jesuiten (Scholastiker) und 3 191 Brüder. Sie leben in elf Assistenzen, in denen insgesamt 82 Provinzen zusammengefaßt sind, die wegen ihrer unterschiedlichen Größe und der oft völlig unvergleichbaren Ausgangssituationen in Gesellschaft und Kirche nur sehr schwer in ein Schema zu fassen sind. Ein Überblick über die Entwicklung der Zahlen ergibt, nach Regionen gegliedert, den folgenden Stand der Dinge:

9 868 Jesuiten teilen sich auf die verschiedenen Länder Europas auf. Spanien und Portugal verfügen mit mehr als 2 600 Mitgliedern über den Löwenanteil, während die nördlichen Länder Schweden (19), Dänemark (18) und Norwegen (3) die Schlußlichter der Zahlentabelle bilden. Ungefähr 1 200 Jesuiten leben in den Ländern Mittel- und Osteuropas östlich der Grenze, die Europa zerschneidet, davon über die Hälfte mit steigender Tendenz in Polen (740) und Jugoslawien (250).

Weltkarte, mit den Mitglieder-Zahlen der verschiedenen Assistenzen:
Afrikanische Assistenz: 1 150 (712 Priester, 277 Scholastiker, 161 Brüder)
Süd-Lateinamerikanische Assistenz (Argentinien, Bahia, Bolivien, Brasilien, Chile, Paraguay, Peru, Uruguay): 1 850 (1 101 Priester, 435 Scholastiker, 314 Brüder)
Nord-Lateinamerikanische Assistenz (Ecuador, Antillen, Zentralamerika, Kolumbien, Kuba, Mexico, Puertorico, Venezuela): 1 746 (1 182 Priester, 353 Scholastiker, 211 Brüder)
Ostasiatische Assistenz (Australien, Japan, Indonesien, Korea, Macao-Hongkong, Philippinen, China): 1 878 (1 353 Priester, 383 Scholastiker, 142 Brüder)
Südasiatische Assistenz (Indien, Sri Lanka): 3 497 (1 993 Priester, 1 112 Scholastiker, 293 Brüder)
Zentraleuropäische Assistenz (Österreich, Deutschland, Schweiz, Ungarn, Lettland, Estland, Litauen, Niederlande): 1 519 (1 181 Priester, 142 Scholastiker, 196 Brüder)
Westeuropäische Assistenz (Belgien, England, Frankreich, Kanada, Irland, Malta, Naher Osten): 3 243 (2 673 Priester, 263 Scholastiker, 307 Brüder)
Osteuropäische Assistenz (Tschechoslowakei, Jugoslawien, Polen, Rumänien): 1 189 (728 Priester, 272 Scholastiker, 189 Brüder)
Spanische Assistenz: 2 616 (1 790 Priester, 198 Scholastiker, 628 Brüder)
Italienische Assistenz: 1 107 (805 Priester, 62 Scholastiker, 240 Brüder)
Nordamerikanische Assistenz (USA): 4 823 (3 984 Priester, 497 Scholastiker, 342 Brüder).

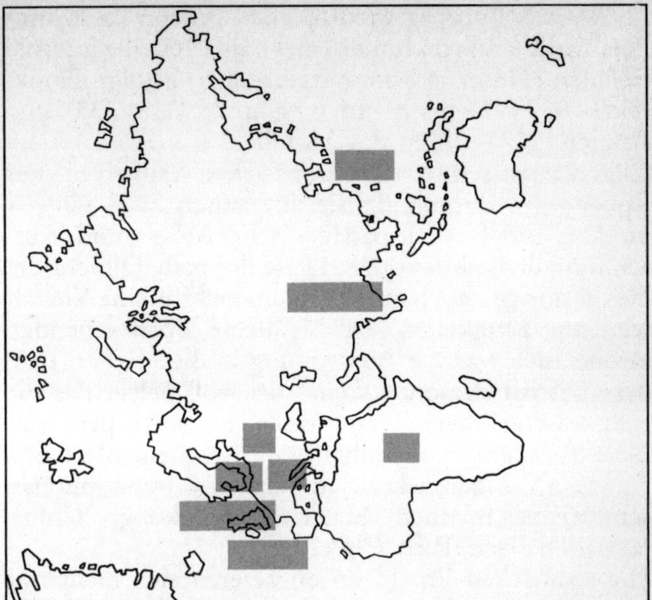

Im Westen Europas wird Spanien (knapp 2 400, mit Portugal 2 650) von Italien (mehr als 1 100, die internationalen Häuser in Rom mitgerechnet) gefolgt. Frankreich (957), Deutschland (Ost und West: 735) und Belgien (707) führen das Mittelfeld an.
Charakteristisch für die europäischen Jesuiten bis zur Epoche der Entkolonialisierung waren zwei Schwerpunkte: intellektuell-pädagogische Arbeit und Aussendung in die Missionen. Diese doppelte Dimension, die im übrigen auch immer Raum ließ für eine Vielfalt weiterer Tätigkeiten, ist bis heute noch lebendig, gerade auch was die Aussendung in die »fernen Länder« betrifft. Besonders eindrucksvoll belegt das die französische Provinz. Französische Jesuiten arbeiten im Nahen Osten, in Griechenland, Algerien, Marokko, Ägypten, Madagaskar, in einigen frankophonen schwarzafrikanischen Staaten, Hongkong, China, Japan, Thailand, Peru, Chile.
Die spanischen Provinzen engagieren sich nicht nur in den Ländern Lateinamerikas. Der frühere, im Baskenland geborene Generalobere der Gesellschaft Jesu, Pedro Arrupe, verbrachte entscheidende Jahre seines Lebens in Japan, wo er das atomare Ende des Zweiten Weltkrieges in Hiroshima erlebte. Viele Spanier wirken in Indien. Auch die deutschen Jesuiten sind in Ländern wie Japan, in Zimbabwe, Skandinavien und Indonesien vertreten, um nur einige zu nennen.
Jedenfalls gilt, daß der alte Kontinent noch die große Mehrheit der 6 000 Jesuiten stellt, die von der römischen Kongregation für Evangelisation unter dem Titel »Missionare« vermerkt sind. Allerdings wird sich das in Zukunft ändern. Die europäischen Jesuiten werden ihren Missionswillen auf ihr eigenes Ursprungsland richten müssen.
Die zahlenmäßige Entwicklung in Europa ist geprägt durch das Nachwuchsproblem. Studierende Jesuiten

gab es 1988 in Spanien und Portugal: 202 (7,5 %); in Frankreich: 71 (7 %); in der zentraleuropäischen Assistenz 145 (10 %), davon in Deutschland, Österreich und der Schweiz 112 (10 %); Italien: 65 (6 %). Zum Vergleich in den USA: 543 (11 %), Lateinamerika: 550 (22 %), Indien: 1 082 (31 %). Dort, wo wenigstens gegenüber den 70er Jahren eine Konsolidierung des Nachwuchses zu beobachten ist, bleiben doch erhebliche Strukturprobleme, deren Bewältigung die europäischen Provinzen noch lange beschäftigen wird. In den 80er Jahren wurde in beinahe allen Provinzen mit »Provinzplanungen« begonnen, Prozesse, in denen innerhalb der Provinzen um einen planerischen Konsens gerungen wird.
Anders liegen die Zahlen in der osteuropäischen Assistenz. Vor allem durch die gegen den westeuropäischen Trend laufende Nachwuchsbewegung in den beiden polnischen Provinzen ist dort Solidität und Dynamik zu verzeichnen (Polen hat zur Zeit 208, Jugoslawien 54 Scholastiker, insgesamt: 22 %). Nicht gezählt werden (und dürfen) die Jesuiten in den Ländern, in denen es ein strafrechtliches Delikt ist, Jesuit zu sein. Immerhin läßt die Aufmerksamkeit der Behörden in Ländern wie in der ČSSR oder Ungarn darauf schließen, daß sie meinen, es gäbe dort etwas zu beobachten, was eventuell Sorgen bereiten könnte.
Auch das Thema Jesuiten in der UdSSR ist Verschlußsache. Immerhin war Rußland eines der beiden Länder, in denen einst die Gesellschaft Jesu zwischen 1773 und 1814 überlebte. In den 50er Jahren dieses Jahrhunderts gab es zeitweise ein Aufblühen der Hoffnung, daß nach dem Tode Stalins die Grenzen für Jesuiten wieder durchlässiger würden. Ein Teil (23) der Jesuiten, die sich damals mit Enthusiasmus für den Gang in die Sowjetunion vorbereiteten, sind heute in der »Delegatio pro rebus russicis« (Delegation für die russischen

Angelegenheiten) tätig, deren Zentren Rom und Paris sind.

Die neue Welt

Wir zählen zu der »neuen Welt« die nichteuropäischen industrialisierten Länder: die USA, Kanada, Australien und (abzüglich wesentlicher kultureller Einschränkungen) Japan. Hier führen die USA die Zahlentabelle mit knapp über 4 000 Jesuiten an, allerdings mit absteigender Tendenz. Mit den anderen Ländern zusammengerechnet (Kanada 660, Japan 330, Australien 252) leben und arbeiten in der »neuen Welt« insgesamt etwa 5 200 Jesuiten.
Auffällig ist gerade in dieser Ländergruppe das zahlenmäßig große Engagement in der Erziehungs- und Lehrtätigkeit, sei es in den Schulen oder Colleges oder an den Universitäten, wie der japanischen Sophia-Universität oder den 27 Jesuitenuniversitäten und universitären Institutionen in den USA. Weltweit unterhält die Gesellschaft Jesu gegenwärtig 1 350 Erziehungseinrichtungen mit insgesamt 82 000 Lehrkräften (davon 6 200 Jesuiten) und 1 800 000 Schülern, Studierenden und anderen Auszubildenden.
Ähnlich wie in den Provinzen Europas sind die Nachwuchszahlen der Provinzen – mit Ausnahme von Japan – sinkend. Die Entwicklung ist aber nicht so extrem wie in Europa. Auch hier hat in den 80er Jahren eine gemäßigte Konsolidierung eingesetzt.
Die Gründe für die absteigende Zahlentendenz in den Ländern Europas und der »neuen Welt« sind oft diskutiert worden. Als wichtige Gründe gelten a) der Druck der Säkularisierung mit ihrer charakteristischen Abneigung gegenüber dem Christentum, zumal dem kirchlich verfaßten, der b) durch die theologische Öffnung der Kirche für die Welt im 2. Vatikanischen Kon-

zil mit voller Wucht in den kirchlichen Raum Einzug hielt. Diese Entwicklung wird im Jesuitenorden nicht einfachhin negativ bewertet, sondern als Teil einer notwendigen Auseinandersetzung gesehen, in der sich das Christentum der neuen abendländischen Kultur stellt, um sie auf Dauer auch umgekehrt zu stellen. Die großen Rückgänge und Austrittsziffern insbesondere der 60er und 70er Jahre sind »Zeichen der Zeit«, die im Sinne einer Krise (= Entscheidungsstunde) deutbar sind.

Lateinamerika

Gewalt und Vertreibung gehören nicht nur zur Geschichte der europäischen Jesuiten. Lateinamerika ist ein Kontinent, in dem die Jesuiten nicht erst in jüngster Zeit die Leiderfahrungen des Volkes teilen. Gewalt im 16. und 17. Jahrhundert, als die Jesuiten in Mexiko, Peru, Brasilien, Paraguay und Chile Opfer der spanischen Herren oder der einheimischen Indianer wurden; Gewalt auch, als 1759 mehr als 400 Jesuiten völlig aus Brasilien vertrieben wurden, und 1767, zur Zeit der Bourbonenherrscher und im Zusammenhang mit den zerstrittenen Verhältnissen in Europa, sogar aus ganz Lateinamerika; 1841 Vertreibung aus Argentinien, 1850 und 1861 aus Kolumbien, zur gleichen Zeit auch aus Ecuador und Uruguay (1859). In Mexiko fand 1930 eine blutige Christenverfolgung statt, in der unter anderen auch der Jesuit Miguel Pro den gewaltsamen Tod erlitt, der 1988 von Papst Johannes Paul II. seliggesprochen wurde. Zu Beginn der 60er Jahre gab es wieder Vertreibungen, diesmal aus Haiti. Im Februar 1986 wurden die Vertreiber – der Duvalier-Clan – durch den Widerstand der überwiegend katholischen Bevölkerung vertrieben. Anfang der 60er Jahre gab es auch Vertreibung aus Kuba. Bis

auf den heutigen Tag reißt die Spur der Gewalt nicht ab: In den letzten Jahren beklagte der Jesuitenorden mehrere Morde an Mitbrüdern in Zentralamerika – zuletzt wurden auf dem Gelände der Zentralamerikanischen Universität in San Salvador sechs Jesuiten, Angehörige des Lehrkörpers, ermordet –, wo derzeit eine für die gesamte Kirche in Lateinamerika wichtige Auseinandersetzung stattfindet. Von symbolischer Bedeutung ist folgendes Beispiel: Als am 12. 3. 1977 der salvadorianische Jesuit Rutilio Grande von einem Mordkommando der mit Teilen der Regierung kollaborierenden Großgrundbesitzer umgebracht wurde, erschütterte dieses Ereignis den Bischof der Hauptstadt San Salvador, Oscar Romero, in seinen bisherigen politischen Sicherheiten. Er vollzog die Wendung des Blickes zum Volk (im spanischen »pueblo« schwingt immer die Bedeutung »Arme« mit), die ihn zu einem gefährlichen Gegner der Gewalttätigen im Lande machte. Am 24. 3. 1980 wurde er in der Kirche während des Gottesdienstes erschossen; er ist eine Symbolfigur der Umkehr der lateinamerikanischen Kirche zum Volk geworden.
Der barocke Stil der Kirchen aus der spanischen Eroberungszeit ist also nicht das einzige Zeugnis der katholischen Kirche in Lateinamerika geblieben. Die 3 619 Jesuiten, die 1988 in Lateinamerika arbeiteten, sind von dieser Geschichte geprägt. Heute bilden die »Eingeborenen« unter ihnen in Ländern wie Mexiko (504), Brasilien (1 080), Argentinien (259), Kolumbien (419) und Chile (199) die Mehrheit. Das bedeutet auch, daß sich in diesen Ländern ein personeller Strukturwandel vollzieht, der die Abhängigkeit von Europa verringert und den Bestand der Jesuiten für die Zukunft mindestens solide sichert. In Ländern wie Brasilien wächst die Zahl der Jesuiten sogar (dort waren es 1983 noch 905). In Zentralamerika (238),

Venezuela (221), Peru (224) und Bolivien (125) sind die »Eingeborenen« eine wachsende Minderheit.
Lateinamerika, der Kontinent, in dem ein großer Teil der Zukunft der katholischen Kirche liegt, zeigt seine Dynamik bei den Jesuiten auch in der Nachwuchsbewegung. Nach Indien stehen die beiden lateinamerikanischen Assistenzen an oberster Stelle, was das Verhältnis von nachwachsenden, jungen Ordensleuten zu den bereits tätigen Priestern betrifft.
Kirche und Orden sind auch in Lateinamerika eng verbunden. Äußerlich zeigt sich das daran, daß mehr als 20 Bischöfe und ein Kardinal in Lateinamerika aus den Reihen des Ordens (weltweit sind es über 92 Bischöfe, darunter 5 Kardinäle) stammen, obwohl der Orden von seinem Selbstverständnis her solchen Berufungen in die kirchliche Hierarchie widerstrebt: Ein zum Bischof geweihter Jesuit darf zwar noch das SJ hinter seinem Namen führen, verliert aber sonst automatisch alle seine Rechte innerhalb des Ordens. Die geistige Tätigkeit der Gesellschaft Jesu, sichtbar vor allem an den großen Universitäten von Quito, Bogotá, Recife und Porto Alegre (mit 24 000 Studierenden die größte Universität des Ordens), beschränkt sich gerade in Lateinamerika nicht auf die klassischen Themen der Theologie, sondern umfaßt die großen gesellschaftlichen und politischen Themen des Kontinents.

Afrika

In Afrika ist die Gesellschaft Jesu weit weniger präsent als in anderen Kontinenten. Sie zählt dort insgesamt 1 141 Mitglieder, vor allem in den Zentren Zaire (ca. 300), Madagaskar (261), Zimbabwe (118) und Sambia (111). Die Seelsorge der Jesuiten geschieht vor allem in der Priesterausbildung, den Kollegien und Grundschulen, Pfarreien und Missionsstationen. Die einhei-

mischen Mitbrüder sind immer noch eine Minderheit. Die ältere Generation der Missionare stammt aus Europa. Missionare, die heute nach Afrika kommen, stammen aus Indien, Amerika und Lateinamerika. Im Verhältnis besonders stark ist der Nachwuchs unter den Brüdern (insgesamt: 165). Das mag damit zusammenhängen, daß ein Schwerpunkt der Jesuiten in Afrika in der landwirtschaftlichen und handwerklichen Ausbildung liegt. Beispielhaft ist da die Tätigkeit von INADES (Institut Africain pour le developement economique et social), das 1962 von den Jesuiten in Abidjan (Elfenbeinküste) gegründet wurde. INADES operiert mit einem Laienstab von über 150 Personen und einer Kernmannschaft von 10 Jesuiten in 20 afrikanischen Ländern.
Auch in Afrika mehren sich die Zeichen, daß die Theologie im Kontinent nach mehr Selbständigkeit strebt. Die philosophische Fakultät in Kinshasa (Zaire) und die theologische Fakultät in Nairobi (Kenia) beteiligen sich unter der Mithilfe der Jesuiten an diesem Vorgang.

Asien

Asien ist neben Lateinamerika der Kontinent des kirchlichen und spirituellen Aufbruchs. So ist z. B. die Entwicklung der Zahlen in den indischen Provinzen der Gesellschaft Jesu ein Phänomen von langfristiger und gesamtkirchlicher Bedeutung. Diese Entwicklung ist um so erstaunlicher, weil sie, im Unterschied zu den katholisch geprägten Ländern Lateinamerikas, in einem Lande stattfindet, in dem nur 1,4 % der Bevölkerung (10 Millionen) katholische Christen sind, und das mit seinen 700 Millionen Einwohnern so etwas wie eine »Dritte Welt« für sich ist (nebenbei ein weiterer Grund dafür, warum die eurozentrische Sprachregelung von der »Dritten Welt« innerhalb des Ordens

und der Kirchen systematisch zurückgedrängt wird). Von den 3 465 Jesuiten in Indien (das sind 13 % der gesamten Gesellschaft Jesu), sind vier Fünftel bereits Inder – 1965 stellten die Europäer noch die Hälfte der indischen Provinz, davon 28 % Jesuiten in der Ausbildung. Die 1 102 Scholastiker Indiens machen ungefähr 25 % des gesamten studierenden Nachwuchses in der Gesellschaft Jesu aus.
Der Franz Xaver des 21. Jahrhunderts, der zur Evangelisierung des alten Europas aus den ehemaligen Missionsgebieten gesandt wird, um dort das nachchristentümliche Neuheidentum zu bekehren – dieser neue Missionar müßte freilich nicht unbedingt ein Inder sein. Zum Beispiel zählt Indonesien, der überwiegend moslemische Inselstaat, 146 Jesuitenstudenten, also annähernd die Hälfte der insgesamt 385 Jesuiten in Indonesien. Seit Indonesien im Jahre 1971 zu einer eigenständigen Provinz wurde, ist die Wachstumsrate dort die höchste in der Gesellschaft Jesu. Auch die philippinische Provinz verzeichnet in den letzten Jahren einen Aufschwung im Nachwuchs (derzeit 77 Scholastiker, insgesamt 346 Jesuiten), auch eine Folge der großen gesellschaftlichen Bewegungen in diesem Land, an denen die Kirche und der Orden aktiv Anteil hatten. Andere Provinzen bewegen sich allerdings zahlenmäßig auf europäischem Niveau. So kulturell und gesellschaftlich verschiedene Länder wie Australien, Taiwan, Korea oder Japan bewirken in Asien insgesamt eine sehr differenzierte Lage.
Die Tür zum asiatischen Kontinent ist der Nahe Osten. Aus dem Libanon, wo sich ca. 60 Jesuiten schon seit Jahren täglich fragen, ob sie die nächste Nacht heil überleben werden, kommt der derzeitige General der Gesellschaft Jesu, Peter Hans Kolvenbach, ein gebürtiger Niederländer. Rechnet man diese Region zu Asien, so bringt dieser Kontinent mit knapp 5 500 Jesuiten

den größten zahlenmäßigen Impuls in die Gesellschaft Jesu.
Auch in Asien sollen die Jesuiten nicht vergessen werden, die vielleicht kleinere Samenkörner eines neuen Wachstums sind: 80 Jesuiten in China, von deren Leben und Tätigkeit seit 1949 nur wenig Nachrichten überliefert wurden, selbst wenn sich in letzter Zeit eine vorsichtige Öffnung anzubahnen scheint; 37 Mitbrüder in Vietnam.

Adressen

Bundesrepublik Deutschland

D–5100	Aachen, Lothringer Straße 69
D–8900	Augsburg, Am Hinteren Perlachberg 1a
D–1000	Berlin 30, Tiergartenstraße 30–31 (Kolleg: Gymnasium)
D–1000	Berlin 19, Neue Kantstraße 1 (mit Pfarrei)
D–1000	Berlin 22, Am Schwemmhorn 3a
D–5300	Bonn 1, Lennéstraße 5
D–5300	Bonn 2, Elisabethstraße 18 (Kolleg: Gymnasium mit Internat)
D–2800	Bremen, Schwachhauser Ring 151
D–6100	Darmstadt, Nieder-Ramstädter Straße 30
D–4240	Emmerich 3, Hochelten, Freiheit 2
D–4300	Essen, An St. Ignatius 8
D–6000	Frankfurt 70, Offenbacher Landstraße 224 (Kolleg: Philosophisch-Theologische Hochschule)
D–6000	Frankfurt 1, Elsheimerstraße 9 (mit Pfarrei)

D–6300	Gießen, Nordanlage 51 (mit Pfarrei)
D–3400	Göttingen, Turmstraße 6 (mit Pfarrei)
D–2000	Hamburg 26, Bürgerweide 33 (Kolleg: Gymnasium)
D–2000	Hamburg 13, Beim Schlump 57
D–3000	Hannover 1, Hildesheimerstraße 30
D–8670	Hof/Saale, Nailaerstraße 7 (mit Pfarrei)
D–7500	Karlsruhe 1, Bismarckstraße 59
D–5400	Koblenz, Jesuitenplatz 4
D–5000	Köln 1, Stolzestraße 1a (Provinzialat)
D–5000	Köln 1, Jabachstraße 1
D–6700	Ludwigshafen, Frankenthaler Straße 229
D–6800	Mannheim 1, D 6, 5
D–3550	Marburg, Großseelheimer Straße 10 (mit Pfarrei)
D–8000	München 22, Kaulbachstraße 31a (Kolleg: Hochschule für Philosophie)
D–8000	München 40, Seestraße 14 (Provinzialat)
D–8000	München 2, Maxburgstraße 1 (mit Pfarrei)
D–8000	München 19, Zuccalistraße 16
D–4400	Münster i. W., Sentmaringer Weg 55 (Noviziat)
D–8500	Nürnberg 10, Virchowstraße 27 (Noviziat)
D–8500	Nürnberg 1, Königstraße 64
D–8500	Nürnberg 30, Dutzendteichstraße 24
D–8500	Nürnberg 30, Scharrerstraße 32 (mit Pfarrei)
D–7980	Ravensburg, Eisenbahnstraße 38
D–6630	Saarlouis, Stiftstraße 14
D–7822	St. Blasien, Kolleg (Kolleg: Gymnasium)
D–7000	Stuttgart 1, Wernhaldenstraße 6
D–5500	Trier, Dietrichstraße 40
D–8700	Würzburg, Wolframstraße 1

DDR

DDR–1141	Berlin-Biesdorf 1, Fortunaallee 27
DDR–8020	Dresden, Gustav-Adolf-Straße 10
DDR–8057	Dresden, Dresdener Straße 73
DDR–5034	Erfurt, Wagdstraße 14 (mit Pfarrei)
DDR–7010	Leipzig, Mozartstraße 10

Österreich

A–6800	Feldkirch, Reichenfeldgasse 8
A–6021	Innsbruck 2, Sillgasse 6 (Kolleg: Theologische Fakultät)
A–6020	Innsbruck, Tschurtschenthalerstraße 7 (Kolleg: Studentenwohnheim)
A–6020	Innsbruck, Rennweg 12e (Noviziat)
A–9433	At. Andrä i. Lavanttal, Kolleg 5 (mit Pfarrei)
A–4010	Linz a. D., Domgasse 3
A–4020	Linz a. D., Freinbergstraße 32–34
A–4400	Steyr, Grünmarkt 1/I
A–1010	Wien I., Dr. Ignaz-Seipel-Platz 1 (Provinzialat)
A–1090	Wien IX., Canisiusgasse 16
A–1130	Wien XIII., Lainzerstraße 138
A–1238	Wien XXIII., Promenadenweg 3 (Kolleg: Gymnasium mit Internat)

Schweiz

CH–4051	Basel, Byfangweg 6
CH–4051	Basel, Herbergsgasse 7
CH–3012	Bern, Alpeneggstraße 5
CH–1227	Carouge (Genève), 18. rue Jacques Dalphin
CH–6311	Edlibach (Bad Schönbrunn)

CH–1205	Genève, St. Boniface, 14, Avenue du Mail
CH–6600	Locarno, Via Citadella 20
CH–1752	Villars-sur-Glane (Freiburg), N. D. de la Route, 21, chemin des Eaux-Vives
CH–8001	Zürich, Hirschengraben 74 (Provinzialat)
CH–8001	Zürich, Hirschengraben 86
CH–8002	Zürich, Scheideggstraße 45

Skandinavische Länder

DK–8100	Arhus C, Ryesgade 26
DK–2100	Kopenhagen 0, Sct. Kjeldsgade 1-3
DK–1616	Kopenhagen V, Stenosgade 4
DK–2000	Kopenhagen F, Jens Jessensvej 5
S–11147	Stockholm, Kungsträdgardsgatan 12
S–75235	Uppsala, S. Johannesgatan 22 A
S–72461	Västeras, Lidmansvägen 8
N–0492	Oslo 4, Gladsvej 23

Literatur

Schriften des hl. Ignatius von Loyola

Ignatius von Loyola, Der Bericht des Pilgers, übersetzt von B. Schneider, Freiburg 1977
(Ignatius' diktierte Autobiographie)

Ignatius von Loyola, Geistliche Übungen (Exerzitien), hg. von H. U. von Balthasar, Einsiedeln 1959; übertragen von A. Haas, Freiburg 1977, übers. von P. Knauer, Leipzig 1978
(Das Exerzitienbuch)

Trost und Weisung. Ignatius von Loyola, Geistliche Briefe, hg. von H. Rahner, neu bearbeitet von P. Imhof, Zürich 1979
(Gute Sammlung wichtiger Briefe des Ignatius)

Deutschsprachige Bücher über Ignatius und die Gesellschaft Jesu

Pedro Arrupe SJ, Im Dienst des Evangeliums, hg. von H. Zwiefelhofer SJ, München 1987
(Ausgewählte Schriften)

Cándido de Dalmases SJ, Pater Magister Ignatius. Zur Biografie des Hl. Ignatius von Loyola, Leipzig 1985
(Neuere Arbeit eines Ignatiuskenners)

Albert Ebneter SJ, Der Jesuitenorden, Zürich 1983
(Solide Information)

Heinz-Joachim Fischer, Der heilige Kampf. Geschichte und Gegenwart der Jesuiten, München 1987
(Gediegene Darstellung)

Ludwig Koch SJ, Jesuitenlexikon. Die Gesellschaft Jesu einst und jetzt, Paderborn 1934
(Älteres Nachschlagewerk)

Lothar Lies, Ignatius von Loyola. Theologie – Struktur – Dynamik der Exerzitien, Innsbruck 1983
(Profunde theologische Analyse der Exerzitien)

Peter Lippert, Zur Psychologie des Jesuitenordens, Freiburg 1956
(Auch heute noch aufschlußreiche Analyse)

Hugo Rahner, Ignatius als Mensch und Theologe, Freiburg 1964
(Wichtiges Werk des bedeutenden Ignatiusforschers)

Hugo Rahner, Ignatius von Loyola und das geschichtliche Werden seiner Frömmigkeit, Wien 1949
(Theologisch bedeutsame Darstellung)

André Ravier SJ, Ignatius von Loyola gründet die Gesellschaft Jesu, Würzburg 1982
(Hauptwerk über die Gründungsphase von 1537–1556)

Josef Stierli SJ (Hg.), Ignatius von Loyola, Gott suchen in allen Dingen, München 1987
(Dokumente zur Mystik des Ignatius)

Friedrich Wulf SJ (Hg.), Ignatius von Loyola – Seine geistliche Gestalt und sein Vermächtnis. (1556–1956), Würzburg 1956
(Sammlung wichtiger Beiträge zu verschiedenen Themen der Ignatiusforschung)

Johann Hoffmann-Herreros
Matteo Ricci
Den Chinesen Chinese sein – ein Missionar sucht neue Wege
Topos Taschenbuch 202
120 Seiten. Kartoniert

Die vorliegende Biographie erzählt das aufregende Leben des Jesuiten Matteo Ricci (1552–1610), der von seinem Orden nach China entsandt wurde, um dort zu missionieren. Ricci ging dabei neue Wege. Im Unterschied zu den damals üblichen Missionierungsversuchen paßt er sich den dortigen Lebensbedingungen an, lernt Chinesisch und bringt der fremden Kultur und Religion Wertschätzung entgegen.

Josef Stierli SJ
Ignatius von Loyola
Auf der Suche nach dem Willen Gottes
Topos Taschenbuch 204
180 Seiten. Kartoniert

Im Jahre 1991 jährt sich zum 500. Mal der Geburtstag des Ignatius von Loyola.
Rechtzeitig zum Jubiläum legt der Jesuit Josef Stierli eine neue Lebensbeschreibung des großen Ordensgründers vor. Die Biographie schöpft nicht nur aus den Quellen, sondern sie läßt an vielen Stellen die Zeugnisse selbst zur Sprache kommen. Doch das Leben des Ignatius kann nicht isoliert von seinen Gefährten und seinem Orden gesehen werden; so ist diese Biographie auch eine »Geschichte der Gefährten«.

Matthias-Grünewald-Verlag · Mainz

Topos Taschenbücher
Die Reihe mit dem klaren Profil

Eine Auswahl:

175 Bartholomäus, Kamillus von Lellis
176 Kehl, New Age oder Neuer Bund?
177 Müller, Homosexuelle Menschen
178 Osterwalder, Erzähl mir eine Geschichte von Gott
179 Pesch, Unsere Gebete
180 Eisenbach, All meine Wege sind dir vertraut
181 Guardini, Der Rosenkranz Unserer Lieben Frau
182 Hoffmann-Herreros, Charles de Foucauld
183 Hussar, Ein Weg der Versöhnung
184 Jakobi/Rösch, Frauen und Mädchen im Sport
185 Valentin/Schmitt, Lebendige Kirche
186 Wachinger, Gespräche über Schuld
187 Hoffmann-Herreros, Catherine und William Booth
188 Hoffsümmer, Geschichten für Kranke
189 Krenzer, Halte deine Seele in die Sonne
190 Mommertz, Gott undsoweiter
191 Ben-Chorin, Als Gott schwieg
192 Guardini, Die letzten Dinge
193 Gubler, Der Name der Jungfrau war Maria
194 Mieth, Katechese in der Küche
195 Boldt, Johannes vom Kreuz
196 Dormeyer/Hauser, Weltuntergang
197 Jakobi/Rösch, Sport nach der Lebensmitte
198 Pascal, Die Mitte
199 Schaller, Ja zu meinen Umwegen
200 Gott in dieser Zeit
201 Beinert, Heilender Glaube
202 Hoffmann-Herreros, Matteo Ricci
203 Mertes/Schmidt, Der Jesuitenorden heute
204 Stierli, Ignatius von Loyola

Matthias-Grünewald-Verlag · Mainz